desasosiego,
intranquilidad,
zozobra,
angustia,
ansia,
congoja,
desazón,
inquietud,
nerviosismo,
estrés,
preocupación,
impaciencia,
neurastenia.

Copyright © 2018 por José A. Rodríguez Roche

Todos los derechos reservados. Ninguna parte de este libro puede ser reproducida o transmitida de cualquier forma o transmitida por cualquier medio electrónico o mecánico, incluyendo fotocopia, grabación, o por cualquier sistema de almacenamiento y recuperación sin permiso escrito del propietario del copyright.

Para realizar pedidos de este libro contacte con:

José A. Rodríguez Roche
P.M.B. 111
P.O. Box 6004
Villalba, P.R. 00766

jarodrochepr@gmail.com
Facebook: José A. Rodríguez Roche
Twitter: Dr. José A. Rodríguez
Online: Createspace.com y Amazon.com

Título: Ansiedad
Amazon.com y Createspace.com

ISBN13:
9781729600184
ISBN10:
1729600182

Talleres y Conferencias son ofrecidos sobre los temas tratados en el libro.
Teléfono celular: 7876352818

Contenido.

- Dedicatoria
- Introducción.
- Origen del término y sinónimos.
- Causas, motivos o el origen de la ansiedad.
- Salud física.
- Ambiente, sociedad y cultura. Relación con la ansiedad.
- El inconsciente y la relación con la ansiedad.
- Teorías dentro de las explicaciones religiosas o espirituales.
- Distintas disciplinas en el campo de la salud abordan el tema de la ansiedad.
- Teorías racionales.
- La farmacoterapia y la ansiedad.
- La acupuntura.
- Trastornos de ansiedad (DSM V).
- Ansiedad y aspectos de algunas culturas.
- Principales manifestaciones de la ansiedad.
- Como nos afecta la ansiedad.
- Esquemas sobre explicaciones de la ansiedad.
- Medios populares utilizados para aliviar o "curar" la ansiedad.
- Tratamientos eficaces para aminorar o eliminar la ansiedad patológica.
- Procedimiento para disminuir o eliminar la ansiedad.
- Trastornos de ansiedad. Qué hacer.
- Una elevada variedad de enfermedades físicas pueden causar síntomas similares a los de los trastornos de ansiedad.
- Sintomatología física, sintomatología psicológica y ansiedad.
- Resumen de procedimiento para combatir, aminorar o eliminar la ansiedad patológica.
- Epílogo

Dedicatoria

A mis pacientes, en el transcurso de mis cuarenta años (19782018), como psicólogo clínico.

Gracias por darme la oportunidad de servirles y caminar juntos por la senda del dolor y la felicidad.

Gracias por creer en mis palabras.

Gracias por tolerar mis errores.

Gracias por mostrarme sus vidas.

Gracias por hacerme parte de sus sufrimientos y sus alegrías.

Gracias por enseñarme el poder humano.

Gracias por tener confianza en mí.

Gracias por ese apretón de manos, abraso, beso y por darme gracias.

Gracias por hacer de mi vida una llena de satisfacciones.

Gracias

Introducción

Durante miles de años se ha documentado los intentos de los seres humanos para lograr su bienestar físico y mental. Encontramos escritos desde la civilización sumeria, egipcia, maya, en Europa, América, China, Rusia y con mayor o menor información de todas las culturas. Hemos intentado múltiples alternativas, desde las ms primitivas hasta los avances médicos y tecnológicos del presente. Algunos intentos han tenido mayores logros, otros se mantienen con mayores limitaciones para lograr el éxito esperado. No pretendo la cura de todos los males, solo minimizar la ansiedad y lograr la reeducación razonable para vencer los trastornos de ansiedad.

No es solo fe en la capacidad del ser humano para tener un estado psicológico adecuado, si no el procedimiento científico probado en miles de personas para vencer estados anímicos perturbadores como la ansiedad patológica.

Amigos lectores, sé que este libro le puede brindar un procedimiento sistemático para el control emocional y muy especialmente para el control de la ansiedad.

Dios ilumine nuestro intelecto para servir de ayuda para las personas que sufren diariamente y para que logren una vida plena de tranquilidad y felicidad.

Ansiedad

Tengo un colibrí encerrado
que habita en mi corazón,
quien el alma me ha impregnado
de intranquilidad y tensión.

Entre el cabello mis manos
y con la frente arrugada,
solo pensamientos vanos
surcan la razón turbada.

Me desespera la gente,
el día, la noche, el calor
y el cavilar de la mente
entre el miedo y el amor.

Enredado en nieblas de hierro
que oprimen mis pensamientos,
vivo en un extraño encierro
de tumultuosos lamentos.

Siento el ser dirigido
por el tiempo hacia el futuro,
el pasado está dormido
y el presente es cuarto obscuro.

Me siento tan preocupado
embargado en un temor,
que respiro apresurado
sumido en un frio sudor.

Le temo a la sociedad
porque convierte la calma
en látigo de maldad
y en la tortura del alma.

Me lastima el que me mira,
aunque sé que no es normal
que sienta por todo ira
y no veo el bien, solo el mal.

Me pesa el mundo en los hombros
que encorva todo mi ser,
voy cargando los escombros
de un amargo proceder.

Espinas ciento en los oídos
que nacen de los tambores,
objetivando los ruidos
en penas y sinsabores.

Brazas de fuego en mis ojos,
vitrinas de sufrimientos,
entre cristales de enojos,
percibo rojos momentos.

Como cuerdas de un violín
siento el cuerpo templado,
tan solo esperando el fin
en un disonante estado.

La depresión es fría fuente,
hielo del alma y la vida.
La ansiedad es llama ardiente
que en el pecho está encendida.

La ansiedad nunca termina
tan solo se disminuye
al disipar la neblina
que al pensamiento obstruye.

José Antonio Rodríguez Roche

Origen del término ansiedad y sus sinónimos.

La angustia viene de anxius, angor y por tanto etimológicamente, alude a la sensación de opresión y de estrechez que se siente. La raíz griega significa "yo estrangulo". En el sentimiento indefinido de angustia aparece, como nota dominante, esa sensación de opresión.

"Las palabras ángor o angina y angustia, uno de los sinónimos de ansiedad, provienen de la misma raíz griega y luego latina; que significan estrangulamiento, constricción y sofocación, estrechez o estenosis y se refieren a la sensación de opresión o constricción precordial con desasosiego que domina el cuadro. Se caracteriza por un temor a lo desconocido.

Otro sinónimo de ansiedad es la intranquilidad o ausencia de tranquilidad. Sensación de ansiedad o preocupación.

Este vocabulario en su etimología procede del latín "intranquillus"; formado del prefijo "in" privación o negación y del latín "tranquillus" que significa tranquilo.

¿Qué es la ansiedad?

La ansiedad es un síntoma psicológico caracterizado por sentimientos de nerviosismo e inquietud difusos que con frecuencia se acompañan de signos físicos, como malestar digestivo, dolores de cabeza y dificultades para conciliar el sueño, así como de una preocupación muy intensa que puede generar tensión mental y muscular.

En la biblia se encuentras escritos sobre la ansiedad.

El rey David escribió: "¿Cuánto tiempo más seguiré angustiado? ¿Cuánto tiempo más sufriré esta pena?" (Salmo 13:2, *La Palabra de Dios para Todos*). ¿Qué le ayudó a seguir adelante? Orar le permitió contarle a Dios toda su angustia, convencido de que él lo amaba (Salmo 13:5; 62:8). Dios nos invita a desahogarnos con él cuando tenemos ansiedad, pues él se interesa por nosotros (1 Pedro 5:7).

Cuando el apóstol Pablo sintió "inquietud por todas las congregaciones", hizo todo lo que pudo por animar a aquellos por quienes estaba preocupado (2 Corintios 11:28). Lo mismo podemos hacer nosotros, ya que no mostrar interés o ser indiferentes sería una señal de falta de amor por los demás (Proverbios 17:17).

"La preocupación agobia a la persona; una palabra de aliento la anima" (Proverbios 12:25, Nueva Traducción Viviente). Hallamos "una palabra de aliento" en las buenas nuevas del Reino de Dios (Mateo 24:14). Ese Reino, un gobierno de origen divino, pronto logrará lo que nosotros no podemos: eliminar la ansiedad y sus causas, incluidas la enfermedad y la muerte. La Biblia promete que Dios "limpiará toda lágrima de sus ojos, y la muerte no será más, ni existirá ya más lamento ni clamor ni dolor" (Revelación [Apocalipsis] 21:4).

Para los propósitos de este libro, definiremos ansiedad como sinónimo de angustia, sin tomar en cuenta una mayor o menor intensidad en uno o en otro.

Causas, motivos o el origen de la ansiedad.

Existen tantas vertientes o supuestas explicaciones del origen de la ansiedad como especialidades en el mundo.

Salud física y el cuerpo humano.

La reacción ansiosa es mediada por el sistema nervioso central, que se caracteriza por ser un sistema complejo, dinámico y abierto. El sistema nervioso central está constituido por la médula espinal, el bulbo raquídeo, la protuberancia, el mesencéfalo, el diencéfalo, el cerebelo y los hemisferios cerebrales permanecen "empaquetados" por la barrera hematoencefálica y se conecta con todo el cuerpo a través del sistema nervioso autónomo o periférico. Las señales que captan los órganos de los sentidos y se conducen por el sistema nervioso periférico hacia el sistema nervioso central se denominan aferencias. Las respuestas del sistema nervioso central que emergen hacia distintas partes del cuerpo a través del sistema nervioso periférico son aferencias. Las aferencias se corresponden con las sensaciones que recepcionan los órganos de los sentidos y que se procesarán primero en las correspondientes áreas somatosensoriales cerebrales. Por ejemplo, los estímulos captados por la retina se procesarán en el área visual occipital. Los distintos tipos de información captados por los sentidos se procesan en áreas de asociación primarias. Para la vista, se tratará de integrar color, forma, etc. Finalmente, hay áreas de asociación secundarias, que asocian justamente información procedente de distintos sentidos.

Por ejemplo, color, textura, sonido, aroma. Las áreas de asociación secundaria son: la corteza prefrontal CPF, el sistema límbico y la corteza de asociación posterior. La llegada de los estímulos captados por los sentidos al cerebro se hace previa estación en el tálamo. El tálamo es una importante estructura del diencéfalo. Hay dos funciones del tálamo en este sentido: funciona como estación de relevo, puesto en el camino hacia el destino final; y, además cumple función de filtro. Como filtro, impide que todos los estímulos lleguen a la corteza. La falla del tálamo en su función de filtro ha sido postulada en problemas psicopatológicos, como la esquizofrenia.

La estructura biológica sirve como vehículo para la conducción y procesamiento de estímulos externos por medio de los sentidos. Claro, en el ser humano no es tan simple o causal, ya que tenemos la capacidad de interpretar. No necesariamente tiene que haber una relación causal o directa entre los estímulos físicos o biológicos y la forma en que los interpretamos y manejamos. Las teorías biológicas establecen esta relación directa entre ambiente, cuerpo y emoción.

Ambiente, sociedad y cultura. Relación con la ansiedad.

Existen múltiples teorías que establecen que la conducta humana y las emociones como el resultado del ambiente en el que se desarrolla, la educación, la sociedad o la cultura. Exponemos algunas de estas teorías:

- Conductismo clásico de Watson.

John B. Watson creó el conductismo clásico. En este tipo de conductismo los estudios se centran en la vinculación entre estímulos y respuestas.

Entiende en su teoría, que la mente no es observable ni analizable si no "una caja negra que no tener en cuenta" y en algunos casos se negaba su existencia o importancia real y siendo la conducta lo único que puede analizarse de forma objetiva. Lo que determina la conducta es el ambiente y los estímulos: para el conductismo clásico el sujeto es un ser pasivo y reactivo, que actúa a través del aprendizaje de asociaciones.

Conductismo de Skinner.

Otro tipo de conductismo y uno de los más importantes y reconocidos junto con el de Watson es el conductismo radical de B. F. Skinner. Este autor consideraba que la conducta no podía entenderse únicamente a través de procesos de condicionamiento simple, a pesar de que el organismo actúa para adaptarse a lo bueno y a lo malo. Skinner propuso que la explicación de la conducta estaba más ligada a la percepción de las consecuencias de nuestras acciones.

Aprendemos que realizar determinada acción en un contexto determinado tiene consecuencias placenteras o no, en base a lo cual modificamos nuestra conducta repitiendo o inhibiendo dichas acciones. Skinner denominó a este modo de modificación de conducta condicionamiento operante. También destaca el aprendizaje por ensayo y error.

Interconductismo o el conductismo de campo de Kantor, semejante al conductismo radical, se diferencia de él en que considera la conducta como interacción en vez de interpretarla como una simple respuesta. La conducta permite que el sujeto y el entorno se relacionen y son interdependientes, siendo dicha interacción lo que debe estudiarse.

El conductismo intencional o proposicional de Tolman.

Edward C. Tolman establece otro de los tipos de conductismo, en esta ocasión proponiendo que toda conducta está compuesta por acciones que terminan dirigiendo al individuo hacia un objetivo.

La conducta es propositiva y no una secuencia aprendida. También propone que establecemos mapas cognitivos con el fin de lograr dichos objetivos, y los utilizamos como mecanismo de aprendizaje. En este tipo de conductismo empiezan a verse elementos que tienen en cuenta los procesos mentales, como la intencionalidad.

- El conductismo deductivo de Hull.

Clark L. Hull propone una visión funcional de la conducta: la conducta y el aprendizaje son entendidos como una manera de sobrevivir al medio. Este se explica a partir de la formación de hábitos a partir de los cuales satisfacer o reducir los impulsos. El sujeto pasa a tener un papel cada vez más activo.

- Conductismo teleológico de Rachlin.

Esta rama del conductismo establece la conducta como algo propositivo, dirigido a un fin, y que se realiza a través del tiempo. Howard Rachlin considera que la mente es la manera de funcionar del cuerpo, no algo interno, y las ideas una conducta elaborada a través del tiempo. Destaca la idea del marco temporal de un suceso: su pasado, presente y futuro. También considera que la conducta ocurre antes del reforzados, observando que el efecto ocurre antes de la causa (la conducta es el efecto del deseo de comer).

- Conductismo teórico de Staddon.

El conductismo teórico es un tipo de conductismo en el que la conducta se concibe como acción derivada de las variables ambientales y también de las biológicas. No considera los procesos cognitivos como comportamiento, sino como un mecanismo teórico que únicamente tiene como función gestionar estados que vinculen conducta y entorno. Se trata de una aproximación más cognitivista y biologicista que la mayor parte de variantes del conductismo.

- Conductismo psicológico de Staats

Este tipo de conductismo destaca por presentar el concepto de repertorios básicos de conducta, los cuales se elaboran a lo largo del aprendizaje y el desarrollo de manera acumulativa. También resulta representativo el hecho de que le da importancia a los factores emocionales en la conducta y el aprendizaje.

- Conductismo biológico de Timberlake

Este tipo de conductismo destaca por su búsqueda de explicaciones a la conducta y el aprendizaje a partir de una visión ecológica de las mismas. Para William Timberlake, la conducta está vinculada al contexto en el que desarrolla el sujeto, y tiene un origen biológico que nos predispone a sentir y actuar de determinada manera.

- Contextualismo funcional de Hayes.

Este autor centra su perspectiva en la conducta verbal: es decir en el lenguaje. Este sirve como elemento intermedio entre conducta y entorno. Steven Hayes también propone la necesidad de investigar los fenómenos mentales si se quiere entender la conducta. También trabaja aspectos como la influencia de las reglas en el comportamiento.

- Otros tipos de conductismo y efecto en otras corrientes

Los anteriormente citados son algunos de los principales tipos de conductismo que se han ido elaborando a lo largo del tiempo. Pero existen otros muchos, tales como el conductismo empírico de Bijou, o los conductismos filosófico, emergente o sistémico.

Además de ello, hemos de tener en cuenta que la evolución del conductismo y la superación de sus limitaciones han permitido el surgimiento de otros muchos modelos teóricos tales como el cognitivismo y el constructivismo.

Otras explicaciones de las emociones humanas que pretenden que las emociones son primeramente causadas. Es decir, la ansiedad como resultado de la interacción entre el hombre y su entorno.

El Inconsciente y la relación con la ansiedad.

El padre del psicoanálisis, Sigmund Freud, describe en sus teorías la creación de lo que llamó el inconsciente. En términos generales, sin entrar a explicar toda su teoría, relaciona los estados emocionales a factores inconscientes en el transcurso de la vida. Es decir, la ansiedad es ocasionada por fuerzas intrapsiquicas que la persona no controla ni tiene conocimiento de ellas. Indica que las causas de la ansiedad son inconscientes y que solo el psicoanalista puede llegar a conocer. Freud, postuló la existencia de dos tipos distintos de ansiedad. La idea inicial de Freud sobre la ansiedad era que expresaba un exceso de tensión libidinal no descargada; luego la consideró como una señal de un peligro emocional inconsciente. En el Malestar en la cultura, Freud (1929/1976) propuso que ciertas ideas que se plantean en la religión (como por ejemplo creer en un ser omnipotente y en los dogmas que establece la Iglesia, las cuales podrían considerarse como ideas delirantes) no llegan a ser patológicas porque no cumplen con los síntomas de un delirio, aunque no descarta que pudiera surgir alguna patología en algún individuo a causa de la religión, como podría ser el fanatismo.

A diferencia de los teóricos conductista, Freud indicó que la ansiedad no era consciente, ni el producto de circunstancias externa o consientes por el ser humano. En este mismo escrito, Freud también hace otra analogía entre el complejo de Edipo y la religión, analogía en la que hace referencia a que la religión surge en virtud de la culpa del hijo por haber matado al padre; no obstante, la descarta en cuanto que señala que no se puede llegar a formular esta idea por el breve tiempo que dura ese complejo.

La ansiedad según Sigmund Freud, surge a raíz del conflicto mental. Sería como una "transformación tóxica" de nuestras energías, de un *Ello* que necesita determinadas cosas y que no puede alcanzar ni satisfacer. También de esas obsesiones que a menudo escondemos y que nos traen miedos injustificados o incluso la sombra persistente de ciertos traumas del pasado.

Explicaciones religiosas o espirituales.

Para la mayoría de las religiones, la ansiedad humana es causada por el alejamiento de los seres humanos de Dios o ser todo poderoso. Incluyen como instrumento principal el pecado. Por lo tanto, una persona en estrecha relación con Dios debe ser una persona libre de ansiedad patológica.

La religión podría ser una herramienta muy útil ante una dificultad, pues para muchas personas el bienestar y la seguridad se pueden lograr cuando se tiene una conexión con otros seres, existentes o no, por lo que es posible que la ansiedad aparezca cuando la conexión con lo divino no existe o es muy débil. Al carecer la persona de una conexión con una entidad superior o divina, puede sentirse amenazada en diversas situaciones y, por lo tanto, disponer de menos recursos para enfrentarlas.

La formulación de la fe, puede ser un instrumento eficaz para mediar con elevados niveles de ansiedad. Creer que existe un ser superior que dirige todo lo que ocurre en el universo puede ayudar a aceptar lo que ocurra y tener la esperanza de que todo mejore o se resuelva por intervención divina.

En el Sermón de la montaña se presenta algunas enseñanzas en particular complicadas. En el discurso de "Los lirios del campo", Jesús afirma: "No se inquieten por el día de mañana; el mañana se inquietará por sí mismo. A cada día le basta su aflicción". Entonces expone la ansiedad como un evento externo al hombre.

No obstante aun mientras nos esforzamos, con la gracia de Dios, para creer todo lo que Jesús enseña a través de Su Iglesia, continuamos una lucha persistente contra la ansiedad. Debemos vivir en el momento y eso es difícil de hacer en un mundo acelerado. Dios provee la gracia, si estamos abiertos a Él, y cuando lo necesitemos, momento a momento, día a día.

Explicaciones variadas sobre el nacimiento de la ansiedad humana nos indican que *"hay un híbrido pecaminoso al atreverse a alterar las enseñanzas de Cristo o desacreditar los dogmas y las doctrinas al sugerir que están sujetos a un cambio constante. Aquellos que lo hacen se convierten en agentes de la confusión y ansiedad, lo que en verdad socava a Cristo. Los miembros de la jerarquía de la Iglesia no están por encima de Su sólida instrucción.*

Las doctrinas de la Iglesia, sin considerar la rigidez que se percibe, son buenas porque por medio de ellas encontramos la providencia de Dios. Las certezas firmes de las enseñanzas de Jesús no solo nos dirigen sino que nos ayudan a aliviar las ansiedades que nos plagan a diario. "Conocerán la verdad y la verdad los hará libres». (Juan 8, 32) No es un mal dogma para la reflexión".

Distintos estudios sobre la relación entre las creencias religiosas y la ansiedad nos indican y concuerdan, con que las personas con creencias religiosas tienen menor ansiedad ante la muerte y enfrentan de una forma más positiva los problemas del diario vivir.

Un grupo internacional de psicólogos de varias universidades ha investigado en un estudio publicado en la revista *'Religion, Brain and Behavior'* la conexión existente entre la ansiedad por la muerte y las creencias religiosas, encontrando que las personas muy religiosas y los ateos son los que menos temen a morir, a diferencia de los individuos que se encuentran entre ambos grupos.

El director del estudio, Jonathan Jong, de la Universidad de Coventry (Reino Unido), sostiene que este hallazgo "definitivamente complica la vieja visión de que las personas religiosas tienen menos miedo a la muerte que las personas no religiosas".

"Puede ser que el ateísmo también provea consuelo ante la muerte, o que las personas que simplemente no tienen miedo a la muerte no sienten la necesidad de buscar la religión", ha explicado Jong.

La investigación también demostró que las personas que eran intrínsecamente religiosas gozaban de niveles inferiores de ansiedad por la muerte que aquellas que eran extrínsecamente religiosas, cuyo comportamiento religioso está motivado por consideraciones pragmáticas tales como beneficios sociales o emocionales de seguir una religión, revelaron niveles más altos de ansiedad ante la muerte.

Para llevar a cabo su investigación, los científicos realizaron una revisión sistemática de cien estudios internacionales publicados publicados entre 1961 y 2014 que contenían información sobre 26.000 personas de todo el mundo.

Sin embargo, la mayoría de las investigaciones se realizaron en Estados Unidos y unas pocas en Oriente Medio y Asia Oriental, lo que hizo difícil poder estimar cómo variaba el patrón de una cultura o de una religión a otra, reconocen los autores del estudio.

Claro, las exageraciones u obsesiones en el fanatismo religioso implican necesariamente un camino directo a la ansiedad. El delirium religioso es uno de los trastornos que genera severa ansiedad en los que lo sufren.

La religiosidad puede ser un instrumento que dependerá de su utilización para minimizar o aumentar la intensidad de la ansiedad. No creo que de forma metafísica la religiosidad automáticamente minimice la ansiedad.

El Budismo, por ejemplo, como corriente religiosa nos informa sobre su propia guía para minimizar la ansiedad. Nos dice que la ansiedad está relacionada con el sufrimiento de acuerdo con los preceptos budistas. Nos dice que no somos capaces de gestionar nuestras emociones más profundas, el sufrimiento se vuelve miedo y éste en ansiedad. Preceptos en los que deberiamos reflexionar en el budismo se incluyen los siguientes.

- Somos responsables de nosotros mismos.

Aunque sintamos que el mundo está sobre nosotros, no es así: es nuestra percepción de nuestro propio mundo contaminado de miedo y dudas el que nos hace sentir angustia. El acto de liberación es responsabilidad propia, dice el budismo. Todo lo bueno y malo que hay en nuestra vida ha sido provocado por nuestras acciones, jamás por la responsabilidad de los demás.

- El aquí y ahora es lo único en lo que debemos enfocarnos.

El aquí y ahora es lo único seguro que tenemos en la vida: el pasado está muerto; el futuro ni siquiera sabemos si va a nacer. Vivir el presente con angustia, rencor, miedo o cualquiera que sea nuestro sentimiento respecto a los problemas es como dejar que el reloj de la vida camine sin aprovechar el tiempo de manera adecuada. Recordemos, cuando éramos niños: ¿acaso pensábamos en lo que se había hecho ayer o se meditaba acerca de lo que venía a continuación? Lo único que nos importaba era reír, jugar y disfrutar el presente. Bien, pues la vida debe ser un poco más así para todos nosotros.

- Desechemos el apego.

Una vez que se haga desde la raíz, todo sufrimiento desaparecerá. Ninguna felicidad ni paz mental vale menos que un empleo, una persona, un salario, una casa, un carro o cualquier otra pertenencia que nos haga pensar que al perderla estaremos solos. Nuestro equilibrio es lo que debemos mantener a toda costa, pues él nos hará sentirnos libres de toda angustia. Cuando tenemos la felicidad de nuestro lado, lo tenemos todo y empezamos a comprender el valor tan escaso de los bienes materiales.

- Hasta que aprendas de tus errores podrás impedir que se repitan.

Lección no aprendida es igual a fracaso, miedo y ansiedad. Por ello es que todo error es necesario en la vida para fortalecer el carácter y aprender lo que se debe y lo que no se debe hacer. Únicamente nosotros somos nuestros mejores maestros, nosotros sabemos la causa de nuestros errores y la mejor manera de salir de ellos. Una vez que tus equivocaciones se vuelvan enseñanzas y tengas la fuerza de no repetirlos, la ansiedad desaparecerá de tu vida.

"Es mejor conquistarte a ti mismo que ganar mil batallas. Entonces la victoria será tuya. No te la podrán quitar, ni ángeles ni demonios, cielo o infierno", dijo el Buda. Es mucho más valioso ejercer un compromiso con nosotros y cumplirlo antes que actuar como los demás quieran. En el momento en que seamos capaces de librarnos de la ansiedad, la esperanza de un estilo de vida más libre y ligero llegará hasta nuestra mente.

Amables lectores, ampliar nuestros conocimientos sobre las supuestas explicaciones sobre los orígenes, causas o manifestaciones de la ansiedad nos dan una visión general sobre lo que decimos, sentimos y como otros estudiosos de las emociones o reacciones humanas perciben la ansiedad.

En la India, país de millones de personas, tienen más de 300,000 deidades religiosas y cada una con sus explicaciones y recomendaciones sobre el surgimiento de las emociones. Escuchamos explicaciones sobre la importancia de nuestra fisiología, causas del medio ambiente, fuerzas intrapsíquicas del inconsciente y otras. Como parte de nuestro acervo cultural, existen teorías o supuestas explicaciones en el plano para psicológico y metafísico de la ansiedad. Allan Kardec, fue un estudioso de los "fenómenos espirituales", quien nos dice en su libro *El libro de los espíritus* que la obsesión, (para mi opinión, el sinónimo de ansiedad), nos dice:

"es el dominio que los malos Espíritus, nos dice Allan Kardec, ejercen sobre ciertas personas, con el fin de enseñorearse de ellas y someterlas a su voluntad por el placer que experimentan causando daño. Cuando un Espíritu bueno, o malo, quiere obrar sobre un individuo, lo envuelve, digámoslo así, con su periespíritu cual si fuere una capa; entonces, penetrándose los dos fluidos, los dos pensamientos y las dos voluntades se confunden, y el Espíritu puede entonces servirse de ese cuerpo como del suyo propio, haciéndole obrar a su voluntad, hablando, escribiendo o dibujando: así son los médiums. Si el Espíritu es bueno, su acción es dulce, benéfica y no hace hacer sino cosas buenas; si es malo, las hace hacer malas. Si es perverso e inicuo, arrastra a la persona cual si la tuviera dentro de una red, paraliza hasta su voluntad, y aún su juicio, el cual apaga bajo su fluido como cuando se apaga el fuego con un baño de agua; le hace pensar, obrar por él; le obliga a cometer actos extravagantes a pesar suyo; en una palabra, le magnetiza, le produce la catalepsia moral, y entonces el individuo se convierte en ciego instrumento de sus gustos. Tal es la causa de la obsesión, de la fascinación y de la subyugación vulgarmente llamada posesión. Es necesario observar que en este estado, el individuo tiene a menudo conciencia de que lo que hace es ridículo, pero esta forzado a hacerlo como si un hombre más vigoroso que él, le hiciera mover contra su voluntad, sus brazos, sus piernas y su lengua. Como en todo han existido Espíritus en todo tiempo han representado el mismo papel, porque este papel está en la naturaleza; y la prueba es el gran número de personas obsesadas, o poseídas si se quiere, que había antes de tratarse de los Espíritus, o que hay en nuestros días entre quienes no han oído hablar nunca de Espiritismo ni de médiums. La acción de los Espíritus, buena o mala, es, pues, espontánea; la de los malos produce un sinnúmero de perturbaciones en la economía moral y aun en la física, porque ignorando la verdadera causa es atribuida a causas erróneas. Los malos Espíritus son enemigos invisibles, tanto más peligrosos, cuanto menos su acción se ha sospechado. Habiéndolos el Espiritismo descubierto, viene a revelar una nueva causa de ciertos males de la humanidad; conocida la causa, no se procurará combatir el mal por medios que ya se creen inútiles para lo sucesivo, y se buscarán otros más eficaces. ¿Qué es, pues, lo que ha hecho descubrir esta causa? La Mediúmnidad; por la Mediúmnidad es como esos enemigos ocultos han hecho traición a su presencia, ella ha sido para con ellos, lo que el microscopio para los infinitamente pequeños: ha revelado todo un mundo. El Espiritismo no ha traído los malos Espíritus; ha descorrido el velo que los cubría y ha dado los medios de paralizar su acción y, por consiguiente, los de alejarlos. No ha traído, pues, el mal, puesto que éste siempre ha existido; al contrario, ha traído el remedio al mal, al mostrar la causa. Una vez reconocida la acción del mundo invisible, se tendrá la clave de una infinidad de fenómenos incomprensibles; y la ciencia, enriquecida con esta nueva luz, verá abrirse delante de ella nuevos horizontes. ¿Cuándo llegará esto? Cuando no se profese más el materialismo, pues el materialismo detiene su vuelo y le pone una barrera insuperable. Habiendo malos Espíritus que obsesan y buenos que protegen, se pregunta "si los malos espíritus son más poderosos que los buenos."

Se expone entonces, que la ansiedad como todas las perturbaciones mentales, son el producto de la posesión o influencia de seres espirituales.

Distintas disciplinas en el campo de la nutrición abordan el tema de la ansiedad.

La nutrición y los efectos en el organismo pueden ser significativos como posibles factores que exacerban o aumentan la ansiedad. Una parte de la ansiedad que experimentamos puede ser debida al consumo de distintos estimulantes y a deficiencias en vitaminas o minerales concretos.

Aconsejan los estudiosos de la nutrición, que conviene limitar el consumo de:

Grasas, vísceras y charcutería (embutidos, patés y foiegras), leche condensada, lácteos enriquecidos con nata, quesos grasos, bollería rellena, productos de pastelería y repostería industrial, etc. Modere el consumo de comidas ricas en grasas saturadas (mantequilla, queso, leche entera, helados, cremas, grasa de la carne, bollería industrial, aceite de palma...). El consumo excesivo de grasas puede favorecer la obesidad y elevar los niveles de colesterol, poniendo bajo un esfuerzo innecesario al sistema cardiovascular, lo que además puede intensificar alguna de las manifestaciones sintomatológicas de la ansiedad.

Estimulantes (café, té, refrescos con cafeína, extractos de guaraná, ginseng) y alcohol. Algunos alimentos o bebidas que acompañan la comida pueden llevar sustancias que estimulan el sistema nervioso y sobreactivan al organismo, lo que puede provocar ansiedad, nerviosismo e insomnio, por ejemplo. Al mismo tiempo reducen la disponibilidad de vitaminas y minerales en nuestro cuerpo. El estimulante de consumo más frecuente es la cafeína, presente en el café, en algunas bebidas de cola, y algunas de las llamadas energizantes. No se recomienda tomar más de 100 miligramos/día de cafeína. Esto equivale a una taza de café o dos bebidas de cola. Si hay problemas de ansiedad, mejor pasarse al café descafeinado, refrescos sin cafeína o infusiones sin estimulantes. La teína, presente en el té, tiene también efectos estimulantes. El alcohol, si bien en la fase inicial inmediatamente posterior al consumo tiene un efecto desinhibidor, lo que lleva a algunas personas a pensar que es un euforizante, lo cierto es que se trata de un depresor del sistema nervioso, que puede alterar negativamente el estado de ánimo, y en las personas propensas, inducir, como efecto rebote, manifestaciones de ansiedad horas después de su consumo.

Sales y azúcar. La sal disminuye las reservas de potasio de nuestro cuerpo, un mineral muy importante para el funcionamiento apropiado del sistema nervioso. La sal puede aumentar la presión sanguínea poniendo a prueba nuestro corazón y arterias. Se recomienda no exceder un gramo de sal por día. El azúcar no contiene nutrientes esenciales, suministra una fuerte dosis de energía inmediata para el cuerpo, que a veces puede ser excesiva e innecesaria. Evite siempre que pueda aquellas comidas hechas a base de azucares refinados. No caiga, sin embargo, en el error de sustituir ese azúcar por edulcorantes artificiales ya que también pueden provocar ansiedad y, otros problemas de salud si se consumen en exceso

Aditivos y otros productos artificiales. Existen muchos aditivos químicos utilizados en el procesamiento de comida industrial. No se conocen bien aún sus efectos sobre el organismo a largo plazo. Son productos que nuestro cuerpo procesa con más dificultad. El procesamiento industrial sustrae muchos nutrientes y vitaminas de los alimentos; es mejor minimizar el consumo de comida rápida, sabores artificiales, aditivos químicos. Mención especial merece el Glutamato de Monosodio (MSG), un aditivo artificial que se usa para realzar sabores, frecuentemente usado para cocinar en restaurantes, especialmente en comida china. Puede tener un fuerte efecto irritativo sobre el sistema nervioso llegando a producir, en casos extremos, dolores de cabeza, hormigueo, entumecimiento y dolor en el pecho. Se ha de tener especial cuidado en el consumo de carnes procedentes de animales que pudieran haber sido alimentados con hormonas para promover un engorde y crecimiento rápidos; así con productos vegetales en cuyo cultivo se hubieran utilizados pesticidas. Se trata de productos muy tóxicos.

Conviene abundar en el consumo de:

Leche, yogures y otras leches fermentadas, productos lácteos no excesivamente grasos o dulces y quesos.

Carnes (preferir las menos grasas), pescado, huevos y derivados.

Cereales, patatas y legumbres, especialmente derivados integrales; cereales de desayuno integrales. Algunos de estos alimentos son ricos en hidratos de carbono. Forman parte de las materias primas que necesita el organismo para la obtención de energía. Es una opción más saludable que utilizar comidas ricas en azúcares como helados o chocolate.

Verduras y hortalizas y frutas. Tienen un destacable valor nutritivo, aportan minerales y vitaminas imprescindibles y son fáciles de digerir. Favorecen la absorción del triptófano, precursor de la serotonina, un neurotransmisor que regula el estado de ánimo y la ansiedad. Frutas, vegetales y cereales integrales son una excelente fuente de fibra La ansiedad puede provocar distintos problemas digestivos entre ellos malestar intestinal y estreñimiento. Una mayor ingesta de fibra ayudará a un mejor tránsito intestinal. Si puede elegir tome frutas enteras en vez de zumos.

Agua, zumos, jugos de hortalizas, infusiones no estimulantes, frutos secos, aceites de oliva y semillas.

Reflexionemos un poco. Ante la diversidad de corrientes teóricas, formulas y remedios como los orígenes, causas o motivos para ocasionar ansiedad, debemos entender que somos seres de formación compleja. No somos seres simplemente biológicos, pero tampoco seres espirituales. La simbiosis de cuerpomenteespíritu cobra día a día un mayor significado en la evolución de los tratamientos para combatir los desordenes emocionales que nos aquejan.

Teorías racionales.

Las llamadas en sus inicios Teorías Racionales, se distinguieron desde sus principios en describir o explicar los desordenes emocionales desde una perspectiva racional, desligándose de las teorías biológicas o ambientales como causas directas de la ansiedad.

Distinguimos tres corrientes dentro de las teorías racionales, de las que se han derivado luego las teorías denominadas como Teorías Cognitivoconductuales.

- Terapia de la Realidad, del autor William Glasser. Esta teoría se basa fundamentalmente en explicar el origen de la ansiedad como dificultades en dos principios fundamentales para el equilibrio emocional. 'Sentirse amado y amar a los demás' y sentirse útil así mismo y a los demás'. Pone especial énfasis en el acto como motor de la ansiedad.

- Terapia Racional Emotiva, del autor Albert Ellis. Esta teoría se basa fundamentalmente en el teorema de Epícteto: "No son las cosas las que atormentan al hombre, sino lo que el hombre piensa de ellas". Expone la ansiedad como el producto de ideas irracionales que provocan emociones desordenadas.

- Terapia de Metas, del autor Dr. Norman Matlin. Esta teoría, se basa fundamentalmente en la evaluación de la situación como problema o como una situación. El uso de la lógica matemática y evaluaciones racionales de lo que el cliente considera como un problema con el propósito de cambiar el problema a una situación manejable.

Estas teorías han sido las bases de distintos modelos conocidos como Cognitivoconductuales que se han distinguido de otras formas de tratamiento por ser psicoterapias breves y con una eficiencia significativa en la disminución de los trastornos por ansiedad.

La farmacoterapia y la ansiedad.

Una opción de tratamiento popular y con muchos seguidores de los aquejados por trastornos de ansiedad. La farmacoterapia administrada por médicos y especialmente psiquiatras, ha cobrado importancia en las últimas décadas por sus efectos inmediatos en la disminución de los síntomas de la ansiedad.

En estudios sobre historia nos refiere, que ya en el renacimiento se entendía por "farmacoterapia" a la materia médica o conjunto de cuerpos orgánicos o inorgánicos que sirven para curar o con propiedades terapéuticas. La obra de Dioscórides y la farmacia galénica siguieron en vigor prácticamente hasta el siglo XVIII. La materia médica de Dioscorides de Anazarba (siglo I DC) fue el principal tratado de la Antigüedad clásica sobre plantas medicinales. A través de numerosas traducciones, resúmenes y comentarios, su vigencia se mantuvo hasta el siglo XVIII. Describen unas seiscientas plantas, unos cien productos de origen animal y alrededor de ciento cincuenta minerales, procedentes todos ellos de zonas del Mediterráneo. El rápido desarrollo de la farmacoterapia en los últimos años ha sido el resultado, no solamente de un cúmulo medicamentoso más diverso, eficaz, seguro, específico y selectivo, sino también del uso más racional de ellos. Disciplinas como la biofarmacia, la farmacogenética clínica, así como también la farmacocinética y la farmacodinamia poblacional han permitido la individualización del diseño de regímenes de dosificación y con ello un manejo más efectivo.

Los trastornos por ansiedad han sido tratados con diversos químicos a través de los años. Los ansiolíticos más utilizados pertenecen al grupo de las benzodiacepinas de alta potencia (Alprazolam, Loracepam, Diacepam, Cloracepam, etc.). Producen un efecto tranquilizante. Actúan reduciendo los síntomas de ansiedad en cuestión de minutos y disminuyendo tanto la intensidad como la frecuencia de los episodios de angustia. Los principales efectos adversos de las benzodiacepinas consisten en somnolencia, alteraciones de la memoria, alteraciones de la atención y de la concentración. El deterioro de estas funciones cognitivas no necesariamente suele ser transitorio como se describía en la literatura (se experimenta mientras se está tomando el medicamento) y sólo se informaba que se producía con dosis elevadas y prolongadas en el tiempo. Estudios reciente sobre el consumo de las benzodiacepinas indican que el deterioro en destrezas cognoscitivas puede ser permanente, a pesar de cesar su consumo. Otro inconveniente es que su consumo prolongado puede generar efectos de dependencia (adicción) y tolerancia (pérdida progresiva de efectividad).

La ansiedad en los niños es tratada diferente a los adultos.
Los ISRS (SSRI en inglés) aumentan el nivel de una sustancia en el cerebro llamada serotonina. Los niveles bajos de serotonina están relacionados con la ansiedad. Los ISRS por lo general son recetados a los chicos con depresión y también con ansiedad. Los médicos usualmente prefieren recetarlos a los niños porque los ISRS solo se toman una vez al día, no son adictivos y por lo general tiene menos efectos secundarios. Los medicamentos SSRI incluyen:

Fluoxetina (Prozac)

Efectos secundarios posibles: Pérdida de apetito, pérdida de peso, somnolencia, boca seca y náusea.

Sertralina (Zoloft)

Efectos secundarios posibles: Pérdida de apetito, cambios de peso, gases o distensión abdominal, somnolencia, mareos, nerviosismo, dolor de cabeza. Somnolencia,

Paroxetina (Paxil)

Efectos secundarios posibles: mareos, dolor de cabeza, gases, dolor de estómago, diarrea, pérdida o ganancia de peso.

Citalopram (Celexa)

Efectos secundarios posibles: Náusea, diarrea, constipación, vómito, pérdida de apetito, somnolencia, pérdida de peso.

Escitalopram (Lexapro)

Efectos secundarios posibles: Dolor de estómago, mareos, diarrea, constipación, somnolencia, fluido nasal.

Otros fármacos para la ansiedad.

Hay otros fármacos para la ansiedad que son usados con menos frecuencia que los ISRS pero que se usan para aliviar la angustia "aguda" en los niños. La angustia aguda se refiere a una ansiedad que es tan severa que dificulta realizar actividades cotidianas. Esto incluye ataques de pánico, trastorno de estrés postraumático después de un desastre natural o de abuso y fobias severas.

Los medicamentos para tratar la ansiedad aguda incluyen las benzodiacepinas, las cuales son usadas generalmente para el tratamiento a corto plazo de la ansiedad aguda. Esta clase de drogas incluyen:

Lorazepam (Ativan)

Efectos secundarios posibles: Letargo, mareo, cansancio, debilidad, boca seca, diarrea, náusea, cambios en el apetito.

Alprazolam (Xanax)

Efectos secundarios posibles: Letargo, aturdimiento, dolor de cabeza, mareos, irritabilidad, dificultad para concentrarse.

Clonazepam(Klonopin)

Efectos secundarios posibles: Letargo, mareos, inestabilidad al caminar, problemas de coordinación, micción frecuente, dolor muscular o de articulaciones, problemas con la memoria.

Por lo general los médicos no recetan benzodiacepinas por más de unas semanas o un mes debido a su efecto adictivo. Los chicos pueden desarrollar tolerancia a estas drogas y luego necesitar aumentar la dosis del medicamento para obtener el mismo efecto.

Estas alternativas en la farmacoterapia han ocupado un lugar importante en el tratamiento de la ansiedad y con la accesibilidad a los distintos productos farmacéuticos aceptados por los planes de salud cada día se hacen más populares.

Hierbas medicinales y la ansiedad.

Otros enfoques, también populares abordan el tema sobre el tratamiento de la ansiedad.

Las 'hierbas medicinales' o herbolaria, son hoy en día muy populares y se ha generalizado su uso para paliar síntomas fisiológicos. Muchos trastornos psicológicos tienen asociadas manifestaciones fisiológicas que encajan en las normalmente tratadas con hierbas medicinales. Quizá el ejemplo más claro es el uso común de Valeriana en el tratamiento del insomnio. El insomnio de primera hora (problemas para conciliar el sueño) está muy relacionado con la ansiedad. De hecho, muchos fármacos tienen esta doble indicación; insomnio y ansiedad, por ejemplo las benzodiacepinas.

Algunas de las hierbas más populares para combatir la ansiedad.

- Pasiflora

La pasiflora actúa directamente sobre el SNC (sistema nervioso central) y tiene la propiedad de relajar la musculatura. Además de relajar a nivel central, puede tener beneficios en cuanto a contracturas, dolor muscular por tensión o mala postura, dolor de cabeza e incluso dolores menstruales.

Puede tomarse en gotas de tintura disueltas en agua o con zumo.

Las gotas de tintura son gotas elaboradas con el extracto puro de la planta conservado en alcohol y agua. Normalmente podrás encontrarlas en una herboristería o parafarmacia.

- Hierba de San Juan

La hierba de San Juan, también conocida como el hipérico, tiene un compuesto llamado hipericina, el cual actúa como agente inhibitorio de la dopamina, disminuyendo su producción. Por tanto, está indicada y funciona bien ante personas que padecen ansiedad y estados nerviosos intensos y poco controlables.

Esta planta puede utilizarse en masajes mezclando el aceite esencial con una crema para masajes.

Mediante la aromaterapia también tiene efectos beneficiosos. También puede ingerirse mediante una infusión.

- Valeriana

Quizá es de las plantas más conocidas para calmar la ansiedad. Tiene efectos relajantes y tranquilizantes. Entre sus propiedades encontramos que la valeriana, calma, relaja, ayuda a conciliar el sueño y disminuye los dolores menstruales.

Puede tomarse en infusión e incluso en comprimidos.

- Albahaca

Normalmente la albahaca se utiliza en la cocina, y no mucha gente conoce las propiedades calmantes y relajantes de esta hierba. Tiene propiedades relajantes, ya que actúa sobre el sistema nervioso. Además, también ayuda a realizar una correcta digestión.

Puedes tomarla condimentando platos, o bien en infusión.

- Lavanda

La lavanda se ha empleado desde la antigüedad como hierba relajante.

Puede ayudar a conciliar el sueño, ya que actúa contra el insomnio, además reduce la ansiedad y la tensión arterial.

Puede tomarse en infusión o bien emplearla mediante aromaterapia.

Para utilizarla con aromaterapia, puedes hacerte con un gel de baño que esté compuesto por lavanda y darte un baño relajante con agua caliente. O incluso puedes elaborar un saco pequeño que contenga lavanda para olerlo siempre que lo necesites.

- Manzanilla

La manzanilla es una planta bastante conocida, tiene propiedades relajantes a nivel muscular y nervioso. Esto sucede porque consigue elevar en el organismo dos sustancias en concreto: la glicina y el hipurato.

Tiene propiedades antiinflamatorias, sedantes y es útil a nivel digestivo.

Además, al tener propiedades relajantes a nivel muscular, puede emplearse como remedio ante los calambres menstruales.

Para disfrutar de sus propiedades basta con tomarla en infusión.

Azahar

El azahar se obtiene de la flor del naranjo amargo, su olor es muy característico de las noches de buen tiempo.

Tiene propiedades que ayudan con la ansiedad y el insomnio. Además, de esta planta se extrae una esencia llamada "petit grain", la cual tiene propiedades también sedantes, así como digestivas y de alivio ante tensiones nerviosas.

Puede tomarse en infusión, o empleando un aceite esencial de azahar para utilizarlo en aromaterapia o masajes.

- Hierbaluisa

La hierbaluisa ayuda a calmar los nervios, la ansiedad y el estrés. Además, se puede utilizar como remedio natural ante el insomnio. Otras cualidades también terapéuticas de la hierbaluisa son aquellas relacionadas con el aparato digestivo, ya que elimina los gases, y alivia los cólicos.

Puedes condimentar tus platos con esta planta, e incluso tomarla en forma de infusión.

• Ginseng

Según la medicina china, el ginseng nos sirve para equilibrar el ying y el yang en el organismo. Tiene efectos tranquilizantes en aquellas personas que padecen <u>estrés</u> o ansiedad.

Puedes diluir unas gotas de tintura de ginseng en un vaso de agua, zumo o té.

• Tila

La tila es quizás la hierba más conocida en cuanto a propiedades relajantes. Puede ayudarnos a estar más tranquilos e incluso puede actuar a favor del sueño, ya que evita el insomnio. Puede tomarse en infusión.

- Espino blanco

El espino blanco tiene muchas propiedades beneficiosas para la ansiedad. Mejora y evita enfermedades cardiovasculares, mejora la circulación, reduce la presión arterial y tiene efectos relajantes sobre el sistema nervioso simpático.

- Melisa

La melisa es muy rica en polen, y tiene propiedades relajantes que pueden ayudar a personas con ansiedad, estrés o insomnio.

Otras propiedades que presenta se relacionan con el organismo a nivel muscular, ya que tiene efectos antiespasmódicos.

Si bien existen fármacos con demostrada eficacia para el tratamiento de la ansiedad, su principal inconveniente son los efectos secundarios que, aunque no son graves, pueden ser incómodos e incluso motivo de abandono del tratamiento.

Al tratamiento con hierbas medicinales se le supone menos efectos secundarios y una eficacia, al menos, moderada.

La acupuntura.

También ha cobrado auge en la medicina occidental el uso de la acupuntura por personas debidamente acreditadas para esa práctica. La acupuntura es una práctica de la medicina tradicional china que se basa en la estimulación de ciertos puntos del cuerpo insertando agujas en la piel. Aunque se utiliza desde la antigüedad para tratar el dolor, la

Organización Mundial de la Salud la reconoce eficaz para el tratamiento de al menos 49 alteraciones, entre ellas la ansiedad y el estrés crónico.

Hay mucho escepticismo sobre la efectividad de la acupuntura y la falta de estudios la hacen considerar un tratamiento alternativo, pero con muchos seguidores en ansiedad a largo plazo y en modo preventivo. Está basada en el principio del Qi (pronunciado "chi") de corregir los problemas del flujo de energía vital del cuerpo ocasionados por ciertos trastornos. Aunque cada paciente es un caso individual, en líneas generales se le otorgan los siguientes beneficios:

La acupuntura funciona inmediatamente. Si bien cada sesión de acupuntura puede tener resultados diferentes, en general sus beneficios se pueden percibir muy rápidamente. Por otro lado, esta técnica puede ayudar a superar otros malestares, lo cual es muy positivo para tu bienestar general.

Algunos beneficios de la acupuntura

- Disminuye la frecuencia de los ataques de ansiedad. La acupuntura pretende establecer ciertos cambios en el estilo de vida del paciente que le puedan ayudar a equilibrar su mente, como por ejemplo realizar ejercicios de Yoga o de Tai Chi.
- Puede llegar a reducir síntomas físicos y mentales de otros problemas existentes en el paciente. En la medicina tradicional china, el trastorno de ansiedad no se percibe como un trastorno en el cerebro, sino como un mal funcionamiento en órganos internos. En la medicina china, los órganos y las emociones están íntimamente conectados. Los órganos se pueden ver afectados por cambios de

dieta, ambientales, en el estilo de vida o por factores hereditarios. Por ello, la acupuntura relaciona la preocupación y el trabajo mental excesivo con un trastorno en el bazo. La acupuntura clasifica la causa de los trastornos de acuerdo con el grado en el que los órganos individuales demuestran signos y síntomas y el grado en que se ve afectada su Qi. En general en lo que a ansiedad se refiere, los órganos que más presentan problemas son el bazo y el corazón.

- La acupuntura es una terapia muy poco invasiva, ya que la inserción de las agujas se realiza en la capa superficial de la piel y no resulta doloroso, a pesar de que los efectos se puedan notar a nivel de órganos internos.

- La acupuntura carece de efectos secundarios propios de los fármacos, ya que no implica la administración de ninguna sustancia química al organismo.

- La acupuntura es una práctica enfocada a corregir la causa del problema y no solamente sus síntomas, por lo que se puede considerar que "cura". Actúa sobre el sistema inmunitario, hormonal, nerviosos, sanguíneo, emocional, etc. con el objetivo de recuperar el equilibrio de la fuerza vital en el paciente.

Los expertos aseguran que la técnica de la acupuntura es adecuada para todos, incluso para los niños. Pero hay una excepción con respecto a la técnica con las agujas, porque no debe ser utilizado por personas que tienen cambios en la coagulación sanguínea, es decir, que estén con tratamiento anticoagulante.

No cabe decir que al elegir a un profesional, conviene buscar buenas referencias sobre él y comprobar las precauciones que se toma con las agujas (que deben ser desechables). La asepsia (limpieza) es esencial en el lugar donde se lleva a cabo la práctica de la acupuntura.

Por último, es importante señalar que, en muchos casos aunque la acupuntura pueda resultar muy útil en el alivio de estados de estrés y ansiedad, hay veces que sólo el uso de la acupuntura no es suficiente para resolver los problemas y, en las enfermedades más graves, la técnica debe ser combinada con el tratamiento convencional. Por ello es totalmente aconsejable seguir un buen control médico de la patología a tratar, independientemente del uso junto con la acupuntura.

Debemos conocer que existen diversas alternativas con un mayor o menor grado de efectividad para minimizar la ansiedad. Cada persona, como ser único en el universo, puede experimentar mayor o menor efectividad tomando en consideración las alternativas primarias menos invasivas a nuestro organismo. Practicar un deporte, escuchar música o compartir con un ser querido pueden ser alternativas eficaces. Para algunas personas no basta con alternativas como estas y requieren de intervenciones por personal especializado como Trabajadores Sociales, Orientadores, Consejeros Clínicos, Psicólogos y Psiquiatras.

Trastornos de ansiedad (DSM V).

Los 7 tipos de trastorno de ansiedad descritos por el manual DSMV, dedicado al diagnóstico de alteraciones psicológicas y psiquiátricas. Se describen como: trastorno de ansiedad generalizada, el de angustia, la agorafobia, las fobias específicas, la ansiedad social y dos trastornos de la infancia: el mutismo selectivo y la ansiedad por separación.

Trastorno de ansiedad generalizada (TAG)

Es reconocible comúnmente en la depresión y es uno de los problemas psicológicos más sufridos entre la población general. Se caracteriza por una preocupación crónica relativa a dificultades cotidianas que provoca síntomas como tensión muscular, irritabilidad, cansancio, problemas de concentración y alteraciones del sueño, de manera que interfiere con la vida normal.

Trastorno de angustia (ataques de pánico)

El trastorno de angustia se diagnostica cuando la persona

presenta crisis de angustia recurrentes. Estos episodios, que también son llamados "ataques de pánico", que consisten en síntomas de ansiedad muy intensa como dificultades para respirar, temblores, mareos y miedo a morir.

Agorafobia
La agorafobia es un tipo de trastorno de ansiedad en que la persona siente miedo por la posibilidad de sufrir una crisis de angustia en una situación de la que sería difícil escapar; esto lleva a las personas afectadas a evitar muchos lugares y acontecimientos. Es común que la agorafobia se derive de un trastorno de angustia, si bien esto no siempre es así. Siente un temor intenso a estar en grupo.

Fobia específica

Las fobias específicas son miedos intensos e irracionales a estímulos o situaciones determinados; la exposición a estos provoca sentimientos de ansiedad y miedo y promueve la evitación o la huida. Aunque son más comunes en los niños, las fobias específicas no dejan de ser el trastorno psicológico más habitual que existe entre los adultos.

Entre los tipos de fobia más comunes encontramos el miedo a la oscuridad, a los animales, a la sangre, las heridas y las inyecciones, a los ascensores, aviones u otros medios de transporte y la acuafobia o fobia al agua.

Trastorno de ansiedad social (fobia social)

La fobia social es denominada "trastorno de ansiedad social" por el DSMV. Se trata de un tipo de ansiedad derivado de la interacción con otras personas, y más concretamente del miedo a quedar en ridículo en una situación pública o a las evaluaciones negativas por parte de otros. La versión extrema de este problema es el trastorno de la personalidad por evitación.

Ansiedad por separación.

Es normal que los niños pequeños sientan cierta ansiedad cuando se separan de sus padres, al menos en determinadas edades; el diagnóstico de trastorno de ansiedad por separación se aplica cuando este hecho se convierte en patológico, asociándose a síntomas parecidos a los de las crisis de angustia.

Mutismo selectivo. Como sucede con el trastorno de ansiedad por separación, el mutismo selectivo se da fundamentalmente en niños. Consiste en una ausencia de lenguaje verbal con algunas personas, por ejemplo los profesores o los compañeros de clase, a pesar de tener la capacidad de utilizarlo correctamente, y tiene que ver con la timidez y con la ansiedad social. El niño, frecuentemente se muestra impávido, sin expresión, no llora o hace gestos, simplemente no habla.

American Psychiatric Association (2013). Diagnostic and statistical manual of mental disorders (5th Ed.). Washington, DC: American Psychiatric Association.

Es conocido por los estudiosos de la conducta humana, que en todos los trastornos mentales o emocionales se manifiestan síntomas de ansiedad leve, moderada y severa. No podemos mencionar todos los trastornos mentales y su relación con la ansiedad pero además de los mencionados distinguimos los trastornos obsesivos compulsivos, que se caracterizan por manifestaciones siempre presente de episodios significativos de ansiedad. También algunos trastornos mentales, debido a afecciones médicas, de los cuales se distinguen trastornos metabólicos, endocrinológicos y neurológicos.

Ansiedad y conceptos de algunas culturas.

Ademas de los trastornos considerados en el DSMV, se han estudiado otros aspectos y síndromes cuya mayor manifestación es la ansiedad y que están estrechamente ligados a creencias de culturas específicas en distintas partes del mundo.

El concepto *"Síndrome asociado a la cultura"* o *"síndromes culturales"* fue introducido por Pow Meng Yap en 1960 para dar cuenta de *"un conjunto de manifestaciones conductuales, afectivas y cognitivas que se presentan en sociedades específicas y que son consideradas por éstas como manifestaciones de una enfermedad que generan sufrimiento en el individuo".*

Estos síndromes se caracterizan por varios aspectos, a saber: son considerados como enfermedad por dicha cultura y no como un comportamiento voluntario o falsa representación. La misma cultura reconoce a ese síndrome y tiene una cura específica. El síndrome, en general, resulta desconocido para otras poblaciones.

Así las investigaciones de Kraepelin sobre el *Koro*, el *Amok* y el *Latah* se corresponden con síndromes psiquiátricos del sudeste asiático que él interpretó como expresiones étnicas de la ansiedad, la depresión, la epilepsia y la histeria, respectivamente.

También las discusiones sobre el carácter normal o patológico de las conductas extáticas de los chamanes, sobre la eficacia curativa de los rituales o sobre la universalidad o particularidad del Complejo de Edipo se encuentran dentro del alcance de esta disciplina.

Estudios sobre los síndromes asociados a la cultura nos dan una clara idea sobre lo complejo del tema.

En países como Tailandia, China y en la India, se describe un cuadro denominado como "Koro" y se caracteriza por tres síntomas cardinales: la creencia de retracción del pene, angustia asociado a esa creencia y el empleo de medios mecánicos para evitar la retracción del pene. Se postula como factores de riesgo el analfabetismo y la pobreza (Chakraborty y col, 2011, como así también a personalidades con altos niveles de ansiedad (Chowdhury., 1990). Fishbain y col (1989) describen la presencia de este síndrome en pacientes que no pertenecían a Oriente.

La *"psicosis por Windingo"* se ha descripto en tribus de Alaska y del norte de Canadá. Este síndrome tiene la peculiaridad que el enfermo manifiesta un gran temor al canibalismo. Se trata de un cuadro en donde el individuo rechaza los alimentos de su dieta habitual y que, frente al temor a convertirse en caníbal, solicita a su grupo ser asesinados a fin de evitar una tragedia.

Otro cuadro considerado dentro de los síndromes asociados a la cultura es el "Amok". Este cuadro se ha descripto en Malasia y se presenta en individuos que fueron ofendidos en su honor y que responden ante esto alejándose del grupo presentando anorexia, aislamiento e irritabilidad.

En Japón también se ha descripto un cuadro denominado *"Taijin Kyofusho"* en donde el individuo presenta una preocupación excesiva hacia alguna parte de su cuerpo ya que la considera ofensiva para los demás por el aspecto, el olor y los movimientos del mismo. Algunos autores (Essau CA y colaboradores, 2012) consideran a este cuadro como una manifestación de la fobia social.

En Corea se denomina "Hwa Byung" a la rabia no expresada en donde el individuo presenta dolores epigástricos, opresión en el pecho, palpitaciones, disnea e insomnio, entre otros síntomas. precipitantes los problemas interpersonales y la ira. Estos pacientes tenían en común el miedo a la muerte inminente.

El *"Latah"* se ha descripto en Malasia, Filipinas y en Siberia. Se trata de un cuadro que afecta solamente a mujeres que cursan con ecopraxia y coprolalia (Bakker MJ, 2013).

En la India se describe un cuadro denominado *"Dhat"* que se caracteriza por ansiedad e hipocondría en varones (Malhotra, 1975).

El paciente refiere temor a perder líquido seminal tanto por emisiones nocturnas como así también por la orina. Chadda y Ahuia (1990) examinaron a cincuenta y cuatro pacientes que referían padecer este síndrome, y descubrieron que solamente siete de estos pacientes presentaban todas las características del síndrome, mientras que el resto del grupo fue diagnosticado con otros cuadros como depresión, ansiedad, hipocondría, infección por 'neisseria gonorrhoeae' e 'impotencia psicógena'.

En América Latina también se han descripto síndromes asociados a la cultura. Byles y Katerndahl (1992) realizaron un estudio sobre el motivo de consulta en atención primaria de hispanos que residían en Estados Unidos. Descubrieron que aquellos pacientes que consultaban refiriendo sintomatología compatible con algún síndrome asociado a la cultura como "nervios", "mal de ojo", "susto" o "empacho" se caracterizaban por presentar baja escolaridad.

Por ejemplo en Brasil (Alto Xingu), se describe una enfermedad que se caracteriza por el aislamiento de adolescentes pertenecientes a una tribu. (Verani, Morgado, 1991).

El *"ataque de nervios"* es considerado por Oquendo y colaboradores (1992) como un síndrome asociado a la cultura que se puede encontrar en países como Cuba, República Dominicana y Puerto Rico. Se evidenciaría en algunos individuos como impulsividad, hiperventilación, disociación, problemas en la comunicación, movimientos tónicoclónicos e hiperquinesia en respuesta a un factor estresor (como por ejemplo, el fallecimiento de un familiar o una tragedia inesperada) y tendría la particularidad de manifestarse en frente de los allegados del individuo. Los autores concluyen que el individuo puede no padecer una enfermedad psiquiátrica de base.

En Guatemala y otros países de América central existe el "Susto", miedo súbito o pérdida del alma. Conocida también con otros términos como espanto, pasmo, tripa ida, pérdida del alma o chibih. Es una enfermedad que se atribuye a un suceso que provoca miedo súbito dando lugar a sufrimiento y enfermedad. Los individuos que sufren sustos experimentan también dificultades significativas en el contexto social. Los síntomas pueden aparecer tras semanas o años de haber experimentado ese miedo súbito. Se cree que, en casos extremos, el susto puede provocar la muerte. Los síntomas típicos incluyen trastornos del apetito, sueño inadecuado o excesivo, sueño intranquilo o pesadillas, disforia, falta de motivación para cualquier actividad, y baja autoestima o valoración negativa. Los síntomas somáticos que acompañan el susto incluyen mialgias, cefaleas, gastralgias y diarrea. Toda esta sintomatología sería compatible con un trastorno depresivo mayor o un trastorno por estrés postraumático.

Los cuadros descriptos anteriormente se caracterizan por presentar un desencadenante que llevan a distintos cuadros psiquiátricos. Es decir, que representan distintas manifestaciones ante situaciones que le generan al individuo "distrés".

En relación a este tema, (Hoffman y col., 2010), sostienen que las manifestaciones de ansiedad estarían influenciados por el grupo cultural al que el individuo pertenece. Así, sociedades en donde la comunidad cumple un rol central, la aceptación del individuo por parte de la misma generaría un fuerte impacto en su conducta favoreciendo la manifestación de trastornos de la personalidad de tipo paranoide, esquizoide, narcisista, límite y antisocial, mientras que, en aquellas culturas en donde se privilegia el individualismo, la conducta estaría influía por los sentimientos y pensamientos personales que promoverían la aparición de cuadros de ansiedad generalizada, trastorno obsesivo y trastorno de personalidad dependiente (CaldwellHarris, 2006).

En relación al trastorno de ansiedad generalizada, se han realizado estudios que señalan diferencias de acuerdo al sexo del individuo (Turk, 1998). Así, por ejemplo, se describe que las mujeres refieren sintomatología más intensa que los varones y que, estos últimos, son los que solicitan tratamiento psicoterapéutico de manera más temprana.

De lo que describimos anteriormente se podrían considerar los siguientes puntos: los síntomas son egodistónicos, los *síndromes asociados a la cultura* pueden hallarse en distintas poblaciones lejanas en la geografía, un síndrome asociado a la cultura es una manifestación que, de algún modo, daría cuenta sobre la falta de recursos que presenta un individuo para afrontar una situación que le genera una crisis, impresionaría que el bajo nivel de instrucción sería un factor determinante para el desarrollo de algunos de estos síndromes, no quedaría claro si esta manifestación depende exclusivamente del individuo o si la cultura en la que se halla inserto es la que le brinda los elementos necesarios para su manifestación, la identidad sexual parecería ser un factor determinante en la clínica de algunos de los síndromes como por ejemplo el *"Koro"* y el *"Dhat"* en los varones y, en el caso de las mujeres, el *"Latah"*, son síndromes que requieren un diagnóstico diferencial con otras enfermedades de base orgánica.

Esta información ha sido recopilada de distintas fuentes.

Bibliografía

- [1] Levine, RE; Gaw, AC.(1995). ***Culturebound syndromes***. Psychiatr Clin North Am,18(3):52336
- [1] Jilek WG, JilekAall L (1985). ***The metamorphosis or 'culturebound 'syndromes***. Soc Sci Med; 21(2):20510.
- [1] Low SM (1985). Culturally interpreted symptoms or culturebound syndromes: a crosscultural review of nerves. Soc Sci Med;21(2):18796.
- [1] Hahn RA (1985*). **Culturebound syndromes unbound**.* Soc Sci Med; 21(2):16571. Soc Sci Med.; 21(2):16571.

- ↑ Chakraborty, S., Debasish, S. (2011*). An outbreak of Koro among 19 workers in a jute mill in south Bengal*, 20(1):5860.)
- ↑ Chowdhury, A. (1990) *Trait anxiety profile of Koro patients*. Indian J Psychiatry, 32(4):330333.
- ↑ Fishbain DA, Barsky S, Goldberg M. (1989). *"Koro" (genital retraction syndrome): psychotherapeutic interventions*. Am J Psychother; 43(1):8791.
- ↑ Scher M (1987). *Koro in a native born citizen of de U.S.* Int J Soc Psychiatry;33(1):425.
- ↑ Essau CA, Sasagawa S, Ishikawa S, Okajima I, O'Callaghan J, Bray D.(2012). *A Japanese form of social anxiety (taijin kyofusho): frecuency and correlates in two generations of the same family.* Int J Soc Psychiatry;58(6):63542.
- ↑ Lin, KM (1983). *HwaByung: a Korean culturebound syndrome?* Am J Psychiatry; 140(1):1057.
- ↑ Park JS, Park S, Cheon CH y colaboradores (2012). *Effect of oriental medicine music therapy on patients with HwaByung: a study protocol for a randomized controlled trial.*Trials;11:13:161
- ↑ Bakker MJ, van Dijk JG y colaboradores(2013). *Latah: an Indonesian startle síndrome*. Mov Disord;28(3):3709
- ↑ Malhotra, HK, Wig NN (1975). *Dhat syndrome: a culturebound sex neurosis of the orient.* Arch Sex Behav; 4(5):51928
- ↑ Chadda RK, Ahuia N (1990). *Dhat syndrome. A sex neurosis of the Indian subcontinent.* Br J Psychiatry; 156:5779.
- ↑ Verani C, Morgado A (1991). *Cultural factors associated with the seclusion disease in Alto Xingu (Central Brazil).* Cad Saude Publica; 7(4):51537.
- ↑ Oquendo M, Horwath E, Martinez A.(1992) *Ataques de nervios: proposed diagnostic criteria for a culture specific syndrome.* Cult Med Psychiatry;16(3):36776.
- ↑ Hofmann, S. y col (2010) *Cultural Aspects in Social Anxiety and Social Anxiety Disorder.* Depress Anxiety; 27(12):111727.
- ↑ CaldwellHarris CL, Aycicegi A. (2006) *When personality and culture clash: The psychological distress of allocentrics in an individualistic culture and idiocentrics in a collectivist culture.* Transcult Psychiatry; 43:33161.
- ↑ Turk CL, Heimberg RG, Orsillo SM, et al. (1998) *An investigation of gender differences in social phobia.* J Anxiety Disord; 12:209223.
- ↑ Simons, R.C. (2001). *Introduction to culturebound syndromes. Psychiatric Times*, 18 (11).

El estudio de la manifestación de la sintomatología de la ansiedad, es amplio, con múltiples teorías y tratamientos en las diversas disciplinas que intervienen en el estado psicológico del ser humano.

Pretendemos identificar los tratamientos psicológicos con mayor efectividad para las personas que tienen acceso a este libro. Hacemos un breve recuento de distintos enfoques para que el lector amplíe sus conocimientos sobre la ansiedad y entienda la importancia de buscar ayuda por especialistas en el tratamiento de la ansiedad y sus síntomas. Sabemos, que un tratamiento efectivo que pueda minimizar la intensidad de la ansiedad sufrida, puede prevenir condiciones de salud mental mayores que limiten o incapaciten a la persona para tener una adecuada calidad de vida. Dentro del cúmulo de teorías y enfoques clínicos, para servir como herramienta efectiva y comprensible para las personas que sientan ansiedad que la afecte en su diario vivir.

Debemos aclarar, que la ansiedad puede ser un motor positivo cuando nos dirigimos a actividades de las que derivamos placer. Ansiar ver a un ser querido, recoger el premio de la lotería, comprar en carro añorado, hacer el viaje que queremos, podemos generar un nivel de ansiedad que afecte nuestro sueño o alguna otra actividad. Sin embargo, no lo consideramos como negativo o perturbador. La ansiedad que no queremos, es la ansiedad perturbadora o negativa, ya que interfiere de forma negativa con mi estado anímico, estabilidad emocional, actividades del diario vivir o calidad de vida.

Hemos descrito diagnósticos clínicos de los diferentes tipos de ansiedad y los síntomas que los identifican. También hemos descrito los principales métodos de tratamiento, pero reconocemos otros métodos para minimizar o tratar la ansiedad patológica.

Principales manifestaciones de la ansiedad.

Durante más de cuarenta años en la práctica de la psicología clínica, compartiendo experiencias con distintos especialistas como psiquiatras, médicos, neurólogos, endocrinólogos, trabajadores sociales y otros especialistas, he podido observar los principales problemas que aquejan a la población. Las condiciones de salud física y enfermedades principales en los seres humanos durante siglos, siguen afectándonos al grado en que todavía la medicina no tiene una cura para la gripe común. La diabetes, hipertensión, fibromialgia, síndromes congénitos, dolor de cabeza, insomnio y muchas más, solo reciben alivio temporero sin una cura definitiva. Sin embargo, encontramos personas con distintas condiciones significativas de salud que viven calidad de vida y se disfrutan día a día su existencia. No es fácil vivir con dolor, inyectarme insulina 3 veces al da, tampoco vivir en la pobreza, ni trabajar turnos de 12 horas en una fabrica o visitar a tu hijo o ser querido en una cárcel. Pero... se puede vivir sin ansiedad patológica a pesar de las condiciones de salud o experiencias de vida. Uno de mis pacientes me dijo: "Que bonito usted lo pinta. Dígame como puedo vivir y estar más tranquilo sin esta ansiedad que no me permite dormir bien, me paso nervioso todo el día, he rebajado 15 libras y le tengo miedo a todo." Mi contestación fue esta: "Claro que te voy a enseñar cómo vivir sin esa ansiedad para que estés más tranquilo, puedas dormir bien, alimentarte bien y perder esos miedos."

De cada 10 pacientes que atiendo en mi oficina alrededor de 8 tienen trastornos de ansiedad.

CÓMO NOS AFECTA LA ANSIEDAD.

Todos hemos nos hemos sentido con periodos de ansiedad leve, moderada y severa.

Sin embargo, cuando se vive siempre en "modo de emergencia", la mente y el cuerpo pueden afectarse de forma negativa, al grado de sufrir severas condiciones de salud física y emocional.

El resultado, es que el organismo se acostumbra a liberar cantidades anormales de sustancias al torrente sanguíneo, y a la larga esto hace que tus tejidos se resientan.

- Cortisol y adrenalina: las hormonas de la ansiedad.

En los periodos de estrés, las glándulas suprarrenales, situadas sobre los riñones, liberan un tipo de hormona llamada cortisol que junto con la adrenalina, que también es segregada abundantemente cuando nos estresamos, esta sustancia se encarga de hacer que los niveles de glucosa en sangre suban mucho con la finalidad de proveer de energía extra al organismo ante una situación de peligro.

¿TE SIENTES CANSADO?

Puede ser un síntoma que te avisa de que tu tiroides está fallando. La glándula tiroides, regula muchas funciones metabólicas. Ante periodos de ansiedad la tiroides segrega cantidades inusuales de Tiroxina haciendo que tu metabolismo se acelere con muchos efectos físicos como el insomnio, temblores y mayor ansiedad. Te sientes acelerado. Sin embargo, niveles bajos de Tiroxina en la sangre hacen que tu metabolismo sea ms lento. Te sientes cansado con tendencias a la depresión y poca energía.

La adrenalina, otra sustancia que interviene además, hace que se eleve el ritmo cardíaco, la respiración y la tensión, y dilata los bronquios para que entre más oxígeno. Por otro lado, reduce la circulación sanguínea en zonas como la piel para canalizarla hacia los músculos.

El organismo "pierde el ritmo" y no sabe priorizar sus funciones.

Pero todo esto tiene una implicación o un resultado.

Por un lado, el hecho de que nuestro cuerpo trabaje a marchas forzadas por estar ansioso, hace que nuestras células se vayan desgastando rápidamente para dar una respuesta rápida ante la urgencia.

Por el otro, mientras esto ocurre, se reducen otras funciones, como la digestión o la reparación de los tejidos, que por dar sus frutos a largo plazo quedan en segundo plano.

- **El desgaste del sistema inmunológico**

El sistema inmunológico es uno de los más afectados por el desvío de energía hacia aquellos procesos que permiten reaccionar rápidamente ante posibles amenazas.

Las defensas bajan cuando vives bajo una ansiedad constante.

Lo anterior hace que enfermar después de una etapa de mucho trabajo no sea nada extraño: si el estado de ansiedad se alarga mucho en el tiempo, se multiplican las posibilidades de que ciertos microorganismos dañinos encuentren su oportunidad y se extiendan por tu cuerpo sin encontrar mucha resistencia.

CÓMO REACCIONA TU CUERPO.

El exceso de adrenalina y cortisol liberados en sangre día tras día es perjudicial. Por eso muchas molestias comunes están provocadas por la ansiedad, entre las que destacan las siguientes:

✓ **Dolor de cervicales**

Casi un 50% de las personas con altos niveles de ansiedad sufren este síntoma. Y es que la zona cervical, cuando se vive bajo una tensión continuada, tiende a agarrotarse ante cualquier situación: una discusión, un pequeño contratiempo... También ocurre con otros músculos de la espalda.

De hecho, la ansiedad entre moderada a severa provoca que muchas personas vivan "eternamente" contracturadas.

- ✓ **Caída del pelo.**

El estrés altera la absorción de oligoelementos y aminoácidos básicos y estrecha las arterias, limitando la circulación en el cuero cabelludo.

- ✓ **Problemas digestivos.**

A través del aparato digestivo pasan muchos nervios, por lo que este es muy sensible a cualquier trastorno emocional.

Aumenta la acidez y puede provocar diarrea o estreñimiento.

El movimiento natural de los intestinos se altera cuando se está bajo tensión, lo que puede causar desde diarrea hasta estreñimiento, dependiendo de la persona.

También aumenta la acidez del estómago, porque se segrega un exceso de jugos gástricos. Por otro lado, la presión constante también hace que comas más rápido, provocando gases de forma indirecta.

- ✓ **Alteraciones del sueño.**

Unos niveles altos de cortisol te mantienen en un estado de alerta tal que dificultan la relajación y, por tanto, te cuesta dormirte. De hecho, el estrés está detrás del 85% de los casos de insomnio, y las mujeres de entre 40 y 49 años son las más afectadas.

La ansiedad explica el 85% de los casos de insomnio.

Además, aunque consigas dormirte, se sabe que los nervios no dejan que el sueño sea reparador, porque impiden completar la fase REM.

- ✓ **Mayor irritabilidad.**

Sientes que tu tolerancia es pobre, te molestas con facilidad y te has puesto cascarrabias.

Esto se debe a que la ansiedad constante hace que generes menos dopamina, la hormona del bienestar. En esa situación, casi cualquier contratiempo puede hacer que perdamos un poco el control.

- ✓ **Problemas en la piel.**

Un eccema o una urticaria también puede ser una respuesta a una situación de tensión mal controlada. Y es que el exceso de cortisol en el cuerpo estimula la liberación de histamina, que puede acabar provocando estos trastornos dermatológicos.

Además, reduce la producción de colágeno y elastina, las fibras que dan elasticidad a la piel, provocando mayor flacidez. La adrenalina también provoca que empeore el acné.

✓ **Dificultad con la memoria, especialmente a corto plazo.**

El cortisol que se genera con la ansiedad reduce la actividad del hipocampo del cerebro, el área donde se "gestionan y se consolidan los recuerdos."

SE RESIENTE TU SALUD A LARGO PLAZO.

La ansiedad frecuente o constante puede "agotar" directamente el organismo y hacer que enferme:

- *El corazón sufre.* Cuando aumenta la adrenalina, bombea más sangre, pero si esta situación se mantiene en el tiempo tu corazón puede acabar debilitándose. Además, la tensión arterial también se dispara.
- *La antesala de la depresión.* El estrés mantenido acaba con las reservas de dopamina. Por eso, cuando no se controla y avanza hasta la fase de resistencia o

agotamiento, una de las consecuencias es la aparición de síntomas depresivos.

- *Envejecimiento prematuro.* Las células emplean el 90% de la energía en renovarse y reparar tejidos. Pero elevados niveles de ansiedad deja estas funciones en segundo plano, y por eso las personas estresadas envejecen más y lo hacen antes.
- *Aumenta el riesgo de cáncer de cuello de útero.* La ansiedad y el estrés incrementan la probabilidad de desarrollar este tipo de cáncer en la mujer infectada por el virus del papiloma humano. Se cree también que puede jugar un papel relevante en el desarrollo de metástasis y una peor evolución del cáncer.

Además, una persona que sufre de ansiedad frecuente, es una persona difícil de tratar en las relaciones interpersonales. Se tornan desagradables ya que regularmente no se adaptan a las relaciones grupales y tienen su forma particular de relacionarse huyendo de periodos de una mayor ansiedad. Son personas que no frecuentan las actividades grupales, poco tolerantes a diferencias de opiniones, con tendencia a no intentar situaciones nuevas, rutinarias y rígidas en su proceder. Sus temores las apartan del comportamiento esperado y una gran parte tiene problemas con su pareja, ya que no son fácilmente entendibles o tolerables.

La soledad, aunque evita estresores externos o situaciones con las que tenga que mediar, no es la amiga de la ansiedad. En la soledad, las personas tienden a enfocar en la sintomatología corporal y recurren a recuerdos negativos del pasado. Esto es gasolina para el fuego. Regularmente, la persona con elevados niveles de ansiedad termina con una enemiga no deseada, la depresión y sus acompañantes que se suman al sufrimiento.

Buscando alivio a la ansiedad en ocasiones las personas se aíslan, abandonan los trabajos, actividades deportivas, pasatiempos preferidos, se alejan de familiares y recurren al alcohol o drogas que ofrecen un alivio inmediato. Claro, las consecuencias al alivio inmediato de la ansiedad por medios o alternativas inadecuados redundan en otros trastornos que exacerban la ansiedad a largo plazo. Las sabidas adicciones a sustancias psicoactivas, incluyendo la farmacoterapia, el tabaco, algunas plantas, adicciones a actividades como el juego patológico, adicción al internet o juegos en 'Play Station', 'Ex box' y otros medios utilizados como "escapes". El crear una "burbuja", para alejarse de los supuestos factores que ocasionan la ansiedad es el principal detonante de otros trastornos con mayores efectos perjudiciales en las personas.

En mi experiencia clínica como psicoterapeuta, he encontrado **siempre** elevados niveles de ansiedad en **todos** los trastornos emocionales y de conducta.

Es importante reconocer como ser humano, que hay unos niveles de ansiedad que manejamos exitosamente en nuestro diario vivir. Sin embargo, debemos reconocer que también hemos tenido en alguna ocasión elevados niveles de ansiedad en los que hemos tomado decisiones y realizado actos que nos han perjudicado de forma significativa. El coraje, por ejemplo es una manifestación de un moderado o elevado nivel de ansiedad.

La intensidad del coraje, desde una rabieta de un niño hasta llegar a la agresión física o verbal, presupone la antesala de la ansiedad.

Esquemas sobre explicaciones de la ansiedad.

Biológico.

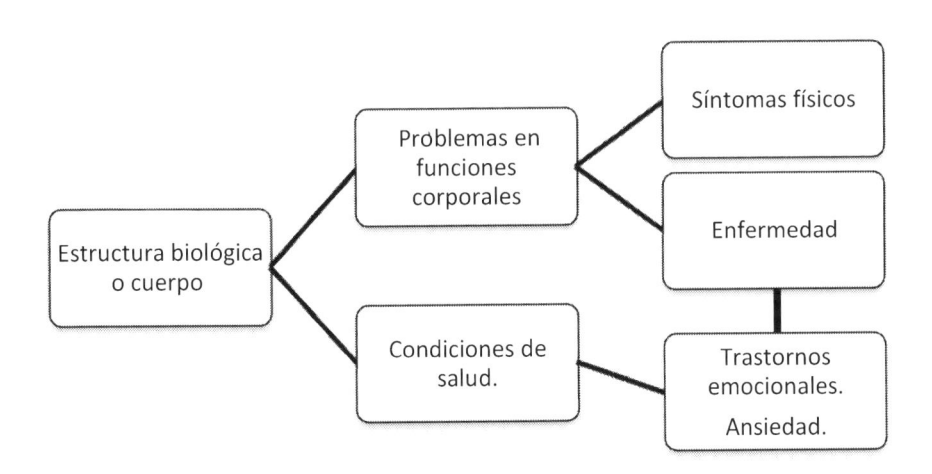

```
Estructura biológica o cuerpo ──┬── Problemas en funciones corporales ──┬── Síntomas físicos
                                │                                       └── Enfermedad
                                └── Condiciones de salud. ─────────────── Trastornos emocionales. Ansiedad.
```

Este esquema expone la estructura biológica como la causa de los trastornos emocionales o la ansiedad.

Social o ambiental.

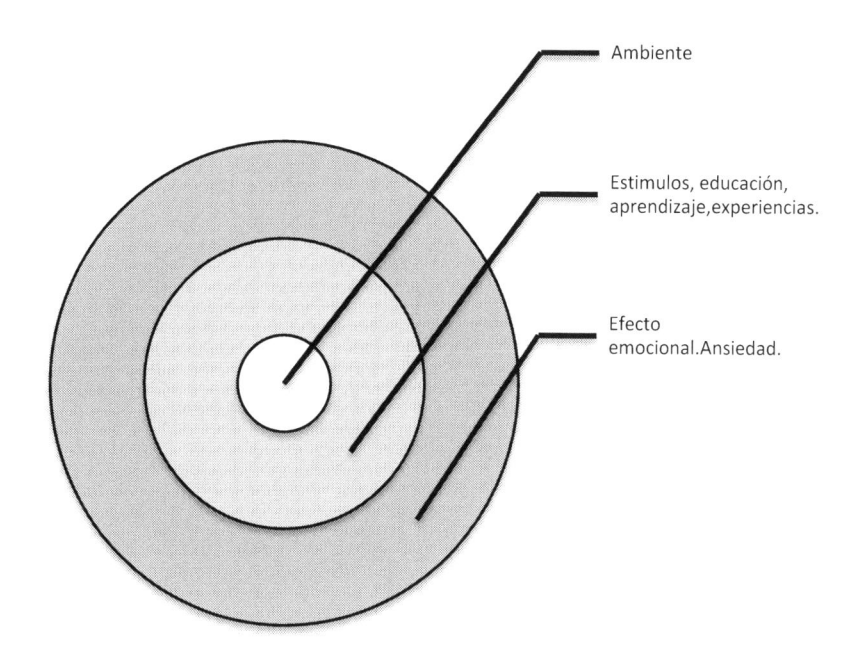

- Ambiente
- Estimulos, educación, aprendizaje, experiencias.
- Efecto emocional. Ansiedad.

En este esquema expone el ambiente y los estímulos externos como causantes de los trastornos emocionales como la ansiedad.

El inconsciente de Sigmund Freud y la ansiedad.

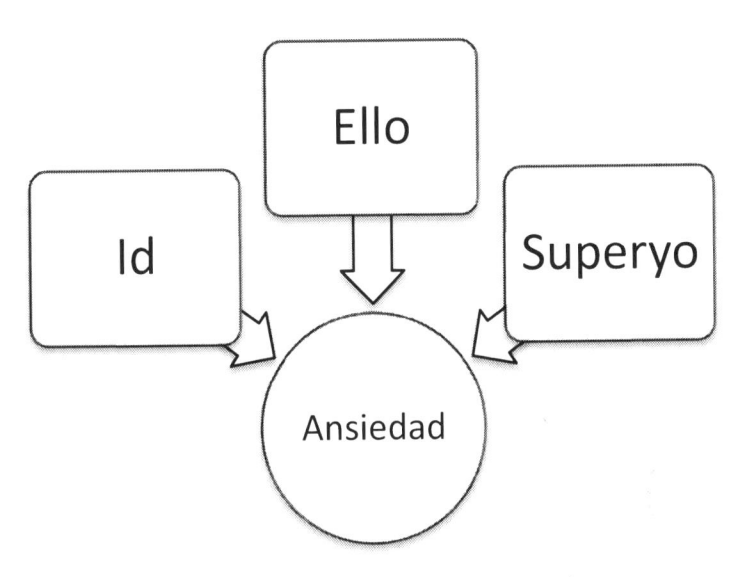

```
        ┌─────────┐
        │  Ello   │
        └────┬────┘
┌─────┐      ▼      ┌─────────┐
│ Id  │ ─→ ( Ansiedad ) ←─ │ Superyo │
└─────┘             └─────────┘
```

La ansiedad según Sigmund Freud, surge a raíz del conflicto mental. Los conflictos entre las fuerzas intrapsíquicas del inconsciente entre el *Id* el *Ello* y el *Superyo*. Sería como una "transformación tóxica" de nuestras energías, de un *Ello* que necesita determinadas cosas y que no puede alcanzar ni satisfacer.

Espiritualidad y religión.

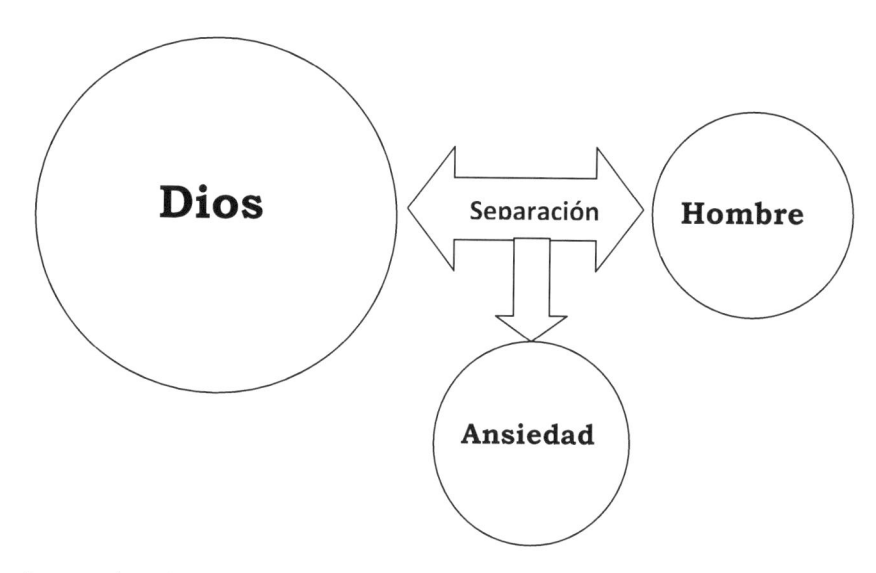

```
  ┌─────────┐                    
  │         │    ⇦ Separación ⇨   ⃝ Hombre
  │  Dios   │        ⇩
  │         │      ⃝ Ansiedad
  └─────────┘
```

La relación con el Dios o Todo poderoso en las principales religiones, es esencial para mantener un adecuado estado emocional. Por lo que la separación o alejamiento de Dios es el producto de los trastornos emocionales y la ansiedad.

Espiritismo.

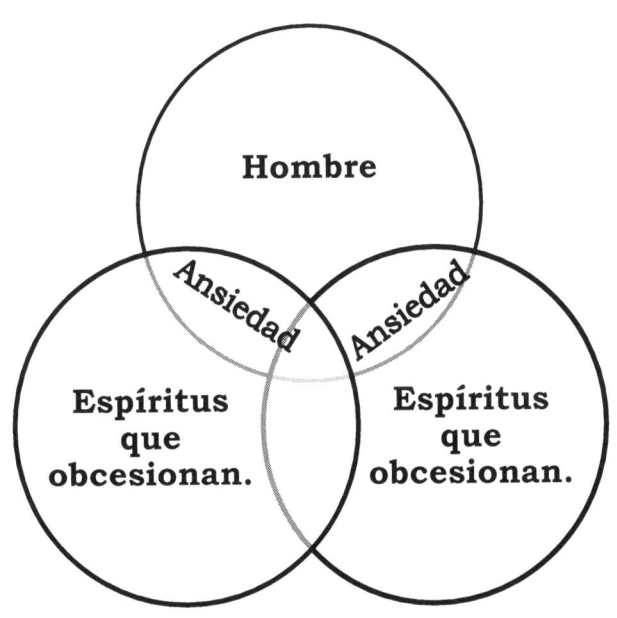

Hombre

Ansiedad Ansiedad

Espíritus que obcesionan.   **Espíritus que obcesionan.**

Allan Kardec, fue un estudioso de los "fenómenos espirituales", quien nos dice en su libro 'El libro de los espíritus' que "la obsesión, (para mi opinión, el sinónimo de ansiedad), es el dominio que los malos Espíritus, ejercen sobre ciertas personas, con el fin de enseñorearse de ellas y someterlas a su voluntad por el placer que experimentan causando daño". Por lo tanto, la ansiedad la producen espíritus que obsesionan al hombre.

Alimentación y nutrición.

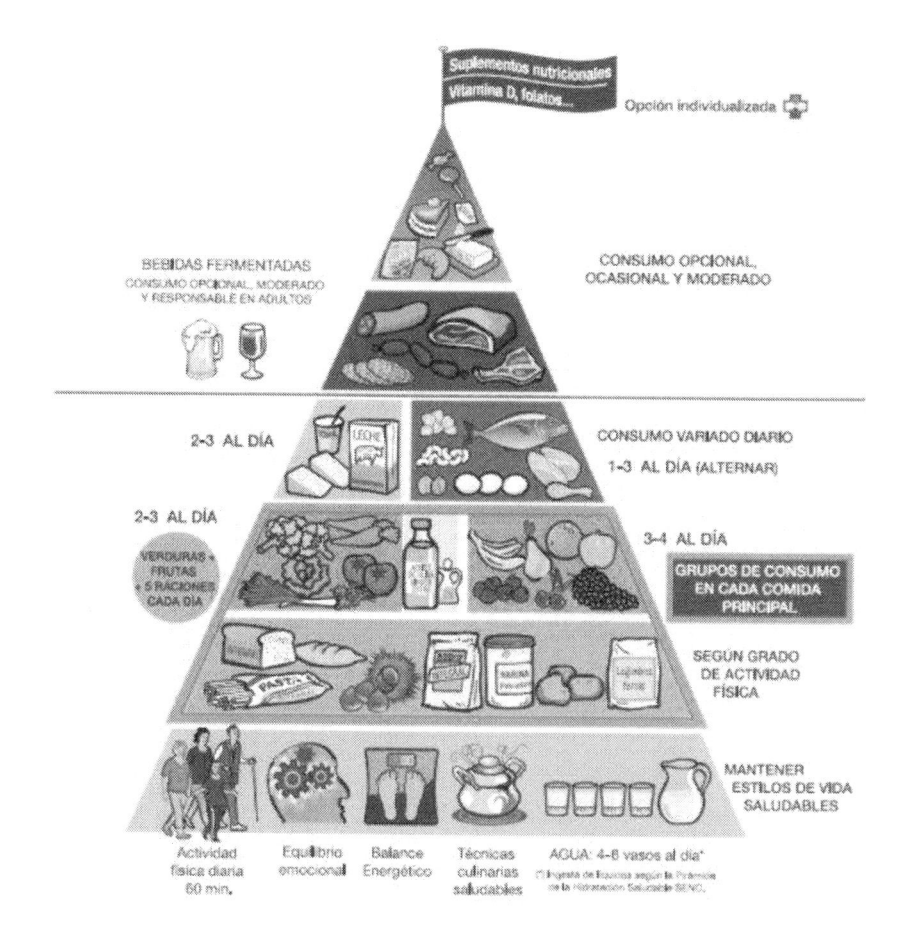

Tomando en consideración la Pirámide Alimenticia, se espera que muchos de los trastornos emocionales como la ansiedad, estén estrechamente relacionados con desbalances, déficit o excesos en los componentes nutricionales en el organismo.

Por ejemplo, algunos estudios indican que una carencia de ácido alfalinoléico podría facilitar la aparición de ataques de pánico. Se encuentra principalmente en el pescado (especialmente en el atún y el salmón), pero también se encuentra en cantidades importantes en el aceite de linaza, en las semillas de mostaza, en pipas de calabaza, en la soja, nueces… además cada vez nos encontramos con más productos en el mercado enriquecidos con ácidos de la familia Omega 3.

Modelos Psicológicos Racionales o Cognitivo Conductuales.

Razonamientocapacidades intelectualestoma de decisionespensamientosideasevaluación de la situación.

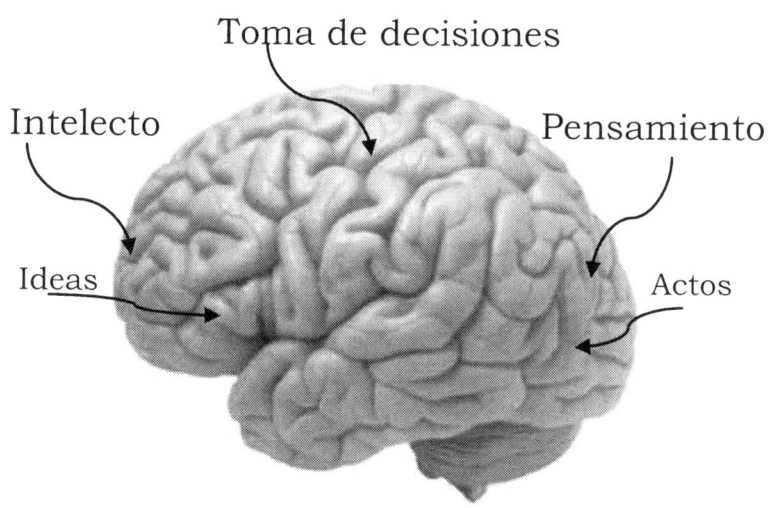

Toma de decisiones
Intelecto
Pensamiento
Ideas
Actos

Estos modelos basan su tratamiento de los trastornos emocionales en la capacidad que tiene el ser humano para resolver conflictos y lograr un adecuado estado emocional. La ansiedad es entonces el resultado de una inadecuada evaluación de la situación, los actos, pensamientos o ideas irracionales.

Farmacoterapia. Consumo de medicamentos psicoactivos.

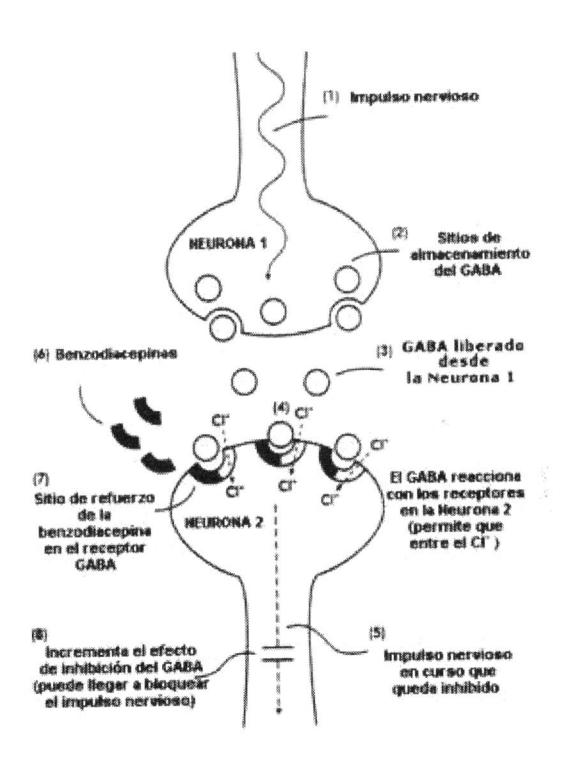

La mayoría de los tratamientos psicofarmacológicos empleados en la actualidad por la psiquiatría actúan químicamente sobre los sistemas de neurotransmisión tratando de regular, convenientemente, la actividad de determinadas áreas del sistema nervioso implicadas en el trastorno que se desea tratar.

En el tratamiento de la ansiedad, se emplean habitualmente dos tipos de fármacos: los ansiolíticos, y los antidepresivos.

Los ansiolíticos más utilizados pertenecen al grupo de las benzodiacepinas de alta potencia (Alprazolam, Loracepam, Diacepam, Cloracepam, etc). Producen un efecto tranquilizante. Actúan reduciendo los síntomas de ansiedad en cuestión de minutos y disminuyendo tanto la intensidad como la frecuencia de los episodios de angustia. Por lo que la ansiedad es vista como el producto de un desbalance o déficit en las sustancias químicas entre las neuronas.

Medios populares utilizados para aliviar o "curar" la ansiedad.

Los síntomas físicos más frecuentes de los distintas tipos o manifestaciones de ansiedad son:

- Palpitaciones en el pecho
- Dolores en el pecho.
- Mareos o vértigos.
- Náusea o problemas estomacales.
- Sofocos o escalofríos.
- Falta de aire o una sensación de asfixia.
- Hormigueo o entumecimiento.
- Estremecimiento o temblores.
- Sensación de irrealidad.
- Terror.
- Sensación de falta de control.
- Sensación de volverse como loco.
- Temor a morir.
- Transpiración excesiva.

En el aspecto psicológico los síntomas emocionales más frecuentes son:

- Nerviosismo.
- Inquietud.
- Sensación de que algo malo va a ocurrir.
- Sensibilidad a que me observen o hablen.
- Incomodidad en grupo o temor a grupo.
- Temor a lugares cerrados o de poco espacio.
- Deseos de llorar sin saber porqué.
- Temor a quedarse solo.

Durante mis 40 años de práctica en la psicoterapia, los medios mayormente utilizados para tratar de minimizar la ansiedad han sido:

- ✓ Cambiar de actividad.
- ✓ Cambiar de lugar.
- ✓ Recurrir a la zona de confort o 'burbuja de seguridad'.

- ✓ Distracción (artesanías, arte, baile, música, pasatiempos). Cerámica, bordados, tallado de madera, pintura, escultura etc.).
- ✓ Sustancias psicoactivas como el alcohol, cannabis, opiáceos, tabaco, cannabis sintética, medicamentos ilegales sin receta médica como Benadril, Percocet, Xanax, Tramadol, (No necesariamente indicados para el tratamiento de la ansiedad, pero que minimizan la ansiedad como un efecto secundario). También se utilizan las combinaciones de alcohol con Tramadol, Cannabis y heroína; y otras combinaciones que inducen la somnolencia.
- ✓ Ejercicios físicos como joguear o trotar, correr bicicleta, natación y otros.
- ✓ Kriya Yoga, Hatta Yoga y otras modalidades.

- ✓ Escuchar música.
- ✓ Recurrir a parajes preferidos de la naturaleza.
- ✓ Compañía por algunas personas.
- ✓ Tener y cuidar mascotas.
- ✓ Cultivo de plantas u hortalizas.
- ✓ Baile rítmico y baile improvisado.
- ✓ Practicar instrumentos musicales.
- ✓ Cocinar alimentos y recetas especiales. Hacer pastelería, dulces, confeccionar bizcochos etc.
- ✓ También utilizan modalidades como el piercing o aretes en distintas partes del cuerpo para estimular la secreción de endorfinas. La automutilación, como hacerse cortaduras en partes del cuerpo ya que se logra también la secreción de endorfinas y otras sustancias naturales

del cuerpo que tienden a reducir la ansiedad.

Canalizar la ansiedad por los conocidos Tics nerviosos como la unicofagia (morderse las uñas), tricotilomanía (arrancarse cabellos) y otros como:

- Parpadeo constante.
- Elevar los ojos hacia arriba.
- Tensar de forma involuntaria una extremidad (brazos o piernas).
- Gemir.
- Utilizar muletillas (este, mmmm, aja, ejem).
- Toser sin necesidad.
- Afinar la garganta.
- Repetir ciertas palabras o frases.
- Elevar brazos.
- Cruzar las piernas.
- Girar el cuello.

- Mover la cabeza con movimientos bruscos hacia un lado.
- Mover las fosas nasales.
- Morderse los labios.
- Balancearse sobre ambas piernas (mecerse).
- Abrir y cerrar la boca.
- Mover las orejas.
- Tocarse la nariz.
- Refregarse los ojos.
- Pasarse las manos por la frente constantemente.
- Abrir y cerrar los ojos bruscamente.
- Hacer muecas con el rostro.
- Mover los dedos sin cesar.
- Girar la cabeza hacia ambos lados.

Al realizar estos actos de forma compulsiva, la persona siente que aminora la ansiedad.

Aclaro que no todos los tics nerviosos son el producto de un intento de canalizar la ansiedad. El Síndrome de Tourette, es uno de los tics más severos. Éste tipo combina tics nerviosos motores y vocales así como también de mayor y menor intensidad. Generalmente son ticscrónicos.

Teóricos de distintas modalidades en el campo de la salud exponen que las adicciones son formas de canalizar, minimizar o tratar de mediar con la ansiedad. La adicción al sexo ha sido una de formas que ha cobrado popularidad en los medios noticiosos, ya que las reacciones corporales como parte del acto sexual redundan en relajación por la secreción de sustancias endocrinas y como resultado se aminora el nivel de ansiedad.

✓ La práctica de la oración, rezo, repetición de mantras y ritos religiosos son también utilizados como medios para aminorar la ansiedad.

✓ La ansiedad por la ingesta de alimentos, comer, pero el temor a engordar o percibirse como gordo, conocida como bulimia y anorexia. En las dos condiciones la persona tiende a consumir alimentos de forma inadecuada utilizando el vómito y la abstinencia de alimentos como formas de aminorar la ansiedad.

Tratamientos eficaces para aminorar o eliminar la ansiedad patológica.

Después de exponer un trasfondo teórico general sobre teorías, conceptos, autores, tipos de ansiedad, literatura clínica y alternativas utilizadas para el tratamiento de la ansiedad, les sugiero, humilde y respetuosamente, que debe comenzar por consultar a un psicoterapista y/o psicólogo clínico como profesional que ha estudiado distintos medios y alternativas para el acertado diagnóstico, su severidad, la inclusión de otros especialistas de la salud y dirigir el camino para el adecuado manejo de la ansiedad. Tomar en consideración a neurólogos, psiquiatras, endocrinólogos, medicina alternativa, naturópatas y otros expertos en sus materias puede darnos un cuadro más específico de la complejidad que puede aportar a sus niveles de ansiedad. En mi experiencia clínica he observado un frecuente error en las personas que buscan alivio a su ansiedad y es que consultan de forma desintegrado a distintos especialista y llevan distintos tratamientos a la vez. Esto puede resultar en tratamientos para toda la vida y solo aliviar parcial o temporalmente su sufrimiento.

Medicarse con ansiolíticos, hacer ejercicios físicos, practicar ritos religiosos, escuchar música, hacer dietas estrictas, alejarse de la sociedad o consumir sustancias psicoactivas, solo sirven para aminorar los síntomas de la ansiedad.

Pregúntese usted:

¿Puedo prevenir la ansiedad patológica o la que me afecta negativamente para siempre, en vez de tratar los síntomas? ¿Puedo eliminar la raíz de la ansiedad o evitar que crezca?

La mayor parte de los tratamientos actúan cuando la ansiedad ya se ha manifestado.

El propósito esencial de éste libro "no es dar un pescado al hambriento, sino enseñarlo a pescar". Pretendo enseñarte a evitar o prevenir elevados niveles de ansiedad o aminorar la ansiedad si es que ya la tienes. Regularmente entre 4 a 6 sesiones, en promedio, de psicoterapias las personas aprenden a prevenir o aminorar la ansiedad. Claro, hay personas que desde la primera sesión de psicoterapias obtienen un alivio significativo, pero otras les cuesta poner en práctica lo aprendido. ¿Por qué? Algunos factores que afectan la efectividad de la psicoterapia, que describiremos adelante, son los siguientes:

- Discapacidad intelectual. Personas con discapacidad intelectual que se les dificulta el aprendizaje.
- Trastornos de la memoria. Personas que no recuerdan lo aprendido en la primera sesión y hay que regresar a lo ya recorrido.
- Trastornos neurocognitivos (ver DSM V).
- Consumo de sustancias psicoactivas o fármacos que interfieren con la memoria, atención concentración y flujo del pensamiento.
- Negación a la efectividad de la psicoterapia. Personas que piensan que están enfermos y que solo

tomando medicamentos se van a curar.
- Personas que tienen la firme creencia en que su ansiedad es el producto de fuerzas espirituales más poderosas que el tratamiento psicológico.
- Personas que esperan que alguien le quite su ansiedad y no creen en la capacidad humana para manejar sus estados emocionales.

Si usted, amable lector, es una persona que no cree en la capacidad del ser humano para aprender a manejar o adecuar sus estados emocionales, como la ansiedad, le pronostico un largo camino de sufrimiento. Si creo firmemente en que puedo aprender a manejar mi estado emocional y la ansiedad, ya tenemos un 50% del tratamiento salvado.

Comencemos a descifrar los orígenes, curso y manejo de la ansiedad.

¿De dónde surge la ansiedad? ¿Es algo que me ocurre? ¿Está fuera de mi control? ¿Alguien me la provoca?¿Me contagié de alguien?¿Heredé la fácil tendencia a sentirme ansioso?¿Mi ansiedad me la causa una situación?¿Estoy enfermo de ansiedad?

Aprendemos desde nuestra niñez a buscar causas, motivos o circunstancias a las que le adjudicamos nuestra ansiedad. Por ejemplo: "Mami ese niño me dice sobrenombres y me pone nervioso". "Mi marido me pone ansiosa cuando toma alcohol". "Los diabéticos somos ansiosos". "Pararme al frente en el salón me da ansiedad". "Ver a mi jefe abusador me pone en un estado de nerviosismo y ansiedad". "Entrar a un elevador me pone ansiosa". "Viajar en un avión me causa ansiedad". "Ver una cucaracha me pone temerosa y ansiosa".

Bueno, no termino mi libro si prosigo describiendo a quien o a qué se responsabiliza por la ansiedad.

Quiero que razonen y reflexionen sobre lo que les explico y no simplemente lo acepten como el que consume un medicamento para curarse porque su médico se lo dice, sin saber cómo actúa el medicamento en su sistema, cuales son los efectos primarios o secundarios.

POSTULADO I

El origen de la ansiedad no es externo. Me puedo asustar o reaccionar como un reflejo a un evento, pero no estar ansioso a largo plazo.

POSTULADO II

Los pensamientos pueden afectar todo mi organismo. Pueden afectar negativa o positivamente mis sistemas nervioso, endocrino, gastrointestinal, cardiaco, respiratorio, sensorial y perceptual. Pueden afectar mi intelecto, habilidades, destrezas, capacidad de aprendizaje, motricidad, funcionalidad y mis emociones.

POSTULADO III

La ansiedad es ocasionada por el mismo individuo. Yo soy el único que tiene el poder, el responsable o el culpable de mi ansiedad. Nadie además de mí, tiene el poder, es responsable o culpable de mi ansiedad.

POSTULADO IV

Todo ser humano puede ocasionarse ansiedad y puede no ocasionarse la ansiedad. Tiene la capacidad de aumentar su nivel de ansiedad y la capacidad de aminorar su nivel de ansiedad.

POSTULADO V

La decisión de aumentar o disminuir la ansiedad es individual. Nadie además de usted, tiene el poder de aumentar o disminuir la ansiedad de otro. Cada individuo debe decidir sobre su ansiedad.

Como en todo tratamiento, es imprescindible que la persona crea en su capacidad para mejorar.

Los pensamientos derrotistas limitan y obstaculizan el progreso en el tratamiento:

- ✓ No puedo.
- ✓ Es imposible.
- ✓ No voy a mejorar.
- ✓ No tengo cura.
- ✓ No tengo remedio.
- ✓ Nadie puede ayudarme.
- ✓ No tengo la capacidad.
- ✓ Es algo que no está en mí.
- ✓ No puedo saber qué me pasa.
- ✓ Esto me pasa a m nada más.
- ✓ Me voy a volver loco o loca.
- ✓ Otros…

"El deseo, la esperanza, la fe, la voluntad, la consistencia, la firmeza y sobre todo el acto de asistir a las sesiones de tratamiento, son gran parte del éxito para lograr minimizar la ansiedad. Si usted

piensa que se siente un poco mejor y no prosigue el tratamiento hay una gran posibilidad de recurrencia a sentir los mismos síntomas." He tenido pacientes que luego de 1 sesión desaparecen. Cuando regresan, luego de tratar diferentes alternativas, sin éxito, les pregunto por qué no prosiguieron la frecuencia de las psicoterapias según recomendadas y me contestan "Me sentí mejor y no proseguí".

El método que adelante describiré, incluye el desarrollo de unas destrezas que se aprenden por medio del razonamiento intelectual. *Personas con discapacidad intelectual no tienen el mismo éxito en el tiempo esperado.* Hasta el presente, no he logrado que en una sola sesión, una persona pueda entender y desarrollar todas las destrezas requeridas para el adecuado manejo o control de la ansiedad. En 4 a 6 sesiones de 4560 minutos, he obtenido el éxito en la mayoría de mis pacientes, aminorar el nivel de ansiedad, eliminar los ataque de pánico, conciliar mejor el sueño, disminuir las obsesiones y compulsiones; disminuir o eliminar las fobias y otros síntomas ocasionados por los diferentes tipos de ansiedad según descritos anteriormente.

En algunos casos, me he encontrado con personas que esperan una cura milagrosa, que dejen de sentir sus síntomas de ansiedad sin hacer cambios, que alguien los cure con algún medicamento prodigioso, que el mundo o que la situación que esta fuera de su control cambie. Estos son los pacientes cuyo progreso requiere abordar otros problemas por los que no progresan con el éxito que esperamos.

Personas con adicción a sustancias psicoactivas o drogas, con medicamentos psicoactivos (benzodiacepinas, ansiolíticos, calmantes, antipsicóticos, antidepresivos) que interfieren con la capacidad para memorizar, flujo de pensamiento, lapso de atención, concentración, capacidad para realizar juicios prácticos ante situaciones, pensamiento abstracto, pensamiento lógico o destrezas esenciales intelectuales, suelen indicar una menor recuperación que las personas que no utilizan sustancias psicoactivas. Los trastornos neuropsicológicos producto de traumas físicos, enfermedades neurológicas, síndromes y los diagnósticos duales (Ejemplo: Depresión y consumo de heroína), pueden interferir con la recuperación de una persona con un trastorno por ansiedad.

Procedimiento para disminuir o eliminar la ansiedad.

Como todo tratamiento responsable y clínico, debe comenzar por análisis de los datos del paciente. Esto debe incluir:

I. Historial de desarrollo físico, psicológico y social. Tratamientos previos.

II. Medicamentos recetados y sus efectos primarios y adversos. Sustancias psicoactivas (alcohol, tabaco, cannabis etc.). Análisis del inicio del consumo, cantidad y frecuencia. Diagnóstico de la severidad del consumo de sustancias.

III. Situaciones o eventos significativos del pasado, presente o esperados.

IV. Signos y síntomas observados y descritos por el paciente. (Temblor corporal, insomnio, temores, agitación, nerviosismo, hipersensibilidad sensorial, tensión muscular, dolores, hiperactividad, cansancio, taquicardia, sudoración, cambios de temperatura, dificultad para respirar, sensación de ahogo, dificultades gastrointestinales, tics nerviosos, ideación religiosa perturbadora, manías, obsesiones, compulsiones y otras). Cada uno de estos signos o síntomas deben ser analizados en cuanto a su frecuencia y severidad.

V. Queja del paciente. ¿Por qué dice que está ansioso? ¿A qué atribuye su ansiedad, fobia o trastorno de su estado emocional?

VI. Diagnóstico clínico. Se deberá realizar un Diagnóstico inicial y luego un diagnóstico diferencial. El diagnóstico inicial se realiza con el análisis de los primeros datos para iniciar el tratamiento. Luego, en el transcurso de las sesiones de psicoterapia se realiza el diagnóstico diferencial para distinguir el trastorno de ansiedad de otras condiciones que pueden ser comorbidos o conjuntas. Es decir, una persona puede manifestar un trastorno de ansiedad con depresión y consumo de estimulantes, por ejemplo.

VII. Plan de Tratamiento. El Plan de Tratamiento puede ser específico para aminorar la intensidad de la ansiedad o puede incluir otros trastornos. Se incluirán en el Plan de Tratamiento: Diagnóstico Diferencial, frecuencia de las visitas, objetivos a cortomediano y largo plazo. Prognosis o lo que se espera del tratamiento de acuerdo a la evaluación del paciente

VIII. Alta. La meta de todo profesional de la salud debe ser el dar de alta positiva o entender que su paciente ha logrado un estado emocional eutímico, adecuado o ha recibido la ayuda máxima que le pueda ofrecer el profesional de ayuda. El alta del tratamiento psicológico, debe ir acompañada de todas las recomendaciones que el clínico considere pertinentes. Seguimiento médico, neurológico, por un nutricionista, alternativas para mejorar su calidad de vida etc. Se pretende que el paciente pueda mantenerse en un estado adecuado de salud física y mental, libre de ansiedad patológica.

Claro… te estarás diciendo, eso es lo que se supone que haga el psicólogo o el profesional de la salud para ayudarme a resolver mi problema por sufrir de ansiedad y sus consecuencias. Pero…¿Cómo yo voy a mejorar y que voy a hacer para disminuir o eliminar la ansiedad que me afecta?

El paciente debe entender que *"no se le dará un pescado, si no que se le enseñará a pescar."*

Paso I.
Entender de donde surge la ansiedad.

Epicteto, filósofo griego de la escuela estoica describió un enunciado: *"No son las cosas las que atormentan al hombre, sino la opinión que se tiene de ellas"*. Esa será nuestra base, punta de lanza o inicio de todo el tratamiento.

Nada externo tiene el poder de ocasionarme un trastorno de ansiedad. La ansiedad proviene o surge como una emoción que resulta de la opinión, pensamientos o ideas sobre lo que ocurre o situación. Es decir, *no hay una relación directa entre lo que ocurre y como yo me siento*. La ansiedad no es causada por enfermedades o eventos. El Dr. Albert Ellis, autor de la Terapia Racional Emotiva, nos ofrece una conceptualización útil para poder entender de donde surge la ansiedad.

A	B	C
Situación. Sucesos.	Pensamientos	Emoción. Ansiedad

Siempre se asocia como causante de la ansiedad a algo que ocurrió, ocurre, u ocurrirá. Se expone alguna situación o motivo.

Por ejemplo(**A**) Me pongo ansioso cuando llueve, cuando voy a entrar al trabajo, cuando veo a mi jefe, cuando voy a una reunión etc.

Se describe la ansiedad **C** como causada por **A**

Sin embargo, Entre la **C** y la **A** se inserta la **B.**

A	B	C
Situación. Sucesos.	Pensamientos	Emoción. Ansiedad

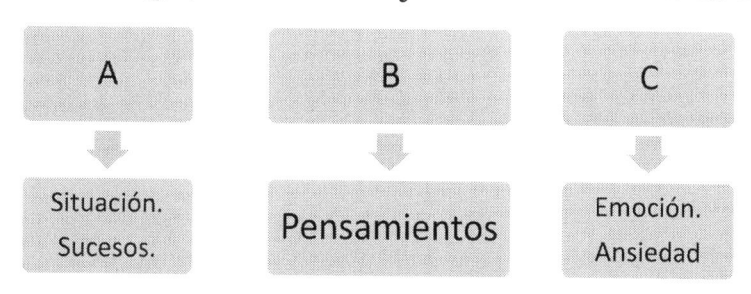

BPensamientos. Los pensamientos no existen fuera del ser humano. Construimos los pensamientos como el que hace una figurita con plastilina. Pensamos lo que queremos. Pero, los pensamientos se componen de dos tipos de ideas:

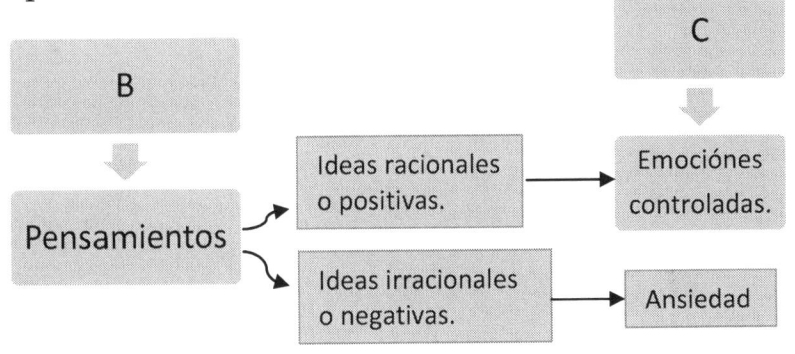

```
        B                    C
        ↓                    ↓
                 Ideas racionales    Emociónes
                 o positivas.   →    controladas.
   Pensamientos
                 Ideas irracionales
                 o negativas.   →    Ansiedad
```

Como vemos en el diagrama, las *ideas racionales o positivas* resultan en emociones controladas como la tranquilidad, la alegría, paz. Sin embargo, las *ideas irracionales o negativas* si me producen emociones exageradas como la ansiedad, la depresión, el coraje, miedos y otros no deseados.

Es esencial, amable lector, que pueda entender la mecánica de la ansiedad. Resumimos exponiendo que **A** no es lo que ocasiona **C,** si no **B** es lo que ocasiona **C**. Específicamente, no todo pensamiento e idea ocasiona la **C** (ansiedad), si no *las ideas irracionales o negativas.*

Analicemos un ejemplo simple:

Está lloviendo. Desde el Huracán María, la

    A (Suceso)   **A**

lluvia me pone ansioso siempre.

    A   **C** (emoción)

Observemos, que está explicando, que lo que le ocasiona la ansiedad es la lluvia después que ocurrió el Huracán María. Sin embargo, exponemos que no es la lluvia lo que le ocasiona la ansiedad si no **Bi** (Pensamiento o idea irracional o negativa).

La pregunta entonces que nos debemos hacer **no es** ¿Qué es lo que pasa o que le ocurre? **Si no** ¿En que está pensando? Cuando preguntamos los **B** nos encontramos con las siguientes ideas irracionales o negativas:

1. Me va a pasar algo malo.
2. Van a ocurrir desgracias, derrumbes, muertes.
3. No puedo soportar la lluvia después del Huracán María.
4. Es horrible que llueva.
5. Si llueve me voy a poner muy ansioso.

Mientras esté pensando estas ideas irracionales y negativas se va a sentir ansioso. La mayor parte de las veces, la persona que dice ponerse ansioso cuando llueve, se reafirma en que es la lluvia la que la pone ansiosa. Una vez entiende (aspecto cognoscitivo) que no es la lluvia lo que le ocasiona la ansiedad si no los pensamientos e ideas irracionales o negativas que tiene de la lluvia, puede entender que: si la ansiedad es ocasionada por pensamientos, puede entonces cambiar los pensamientos, que están bajo su control y entonces cambiar su emoción o la ansiedad.

Es decir: *CAMBIO MI FORMA DE PENSAR Y CAMBIO MI EMOCIÓN*. Pero... ¿Cómo?

IDEA IRRACIONAL O NEGATIVA	IDEA RACIONAL O POSITIVA
Me va a pasar algo malo.	No me va a pasar nada.
Van a ocurrir desgracias, derrumbes, muertes.	La lluvia es necesaria para la vida. No hay ningún huracán.
No puedo soportar la lluvia después del huracán María.	La lluvia no es un huracán. Los fenómenos de la naturaleza no están bajo mi control. Puedo tolerar lluvia.
Es horrible que llueva.	En ocasiones, no me gusta que llueva, pero no es horrible.
Si llueve me voy a poner muy ansioso.	La lluvia no es lo que me ocasiona la ansiedad, si no las ideas irracionales, negativas, perturbadoras y exageradas sobre la lluvia lo que me ocasiona la ansiedad. Si llueve no me voy a poner ansioso.

Analicemos. Cambio una idea negativa, perturbadora por una idea racional, sin exageraciones y me siento bien, sin ansiedad.

Parece sencillo. Sí, pero no lo hacemos. Regularmente establecemos que la ansiedad es producida por la lluvia y otros sucesos, situaciones o eventos.

Cuestionar los **B** Pensamientos e ideas irracionales o negativas para cambiarlas por pensamientos racionales o positivos <u>es el mecanismo para controlar o disipar la ansiedad.</u>

Otro ejemplo: Me miro en el espejo por la mañana y veo mi cara. Me digo: "Ya estoy viejo, no sirvo para nada, estoy solo, nadie me quiere, ya esta vida no tiene sentido, me voy a morir. Me siento ansioso". Me voy a tomar Zoloft 100 mg., Restoril 50 mg. y Klonopin 1mg. Consumo los medicamentos y durante el día me siento mejor. Al otro día, cuando me levando, vuelvo a mirarme en el espejo y me digo lo mismo: "Estoy deprimido, me voy a tomar los medicamentos". Se repite este ciclo durante semanas, meses o quizás años.

Analicemos la situación: ¿Su ansiedad proviene de su cara, de estar viejo? ¿En que está pensando?

Ideas irracionales, perturbadoras o negativas.

1. Estoy viejo (como algo negativo), sinónimo de no sirvo para nada.
2. Estoy solo (como una realidad).
3. Nadie me quiere.
4. Ya esta vida no tiene sentido.
5. Me voy a morir.

Si cuestionamos y cambiamos esas Ideas irracionales, perturbadoras o negativas y las cambiamos a ideas racionales y positivas como estas:

1. Estoy viejo gracias al Señor en buen estado de salud. Ya no hago lo mismo

que antes, pero hago otras cosas que siempre quise hacer y me las disfruto. Sirvo todavía para mucho.

2. No estoy solo. Tengo familia, amigos y el mundo por delante. Puedo buscar más amistades, nueva compañía y socializar.

3. La realidad es que hay quien no me quiere y quien me quiere. No existe un ser humano que todo el mundo lo quiera. No es cierto que NADIE me quiera, solo son algunas personas y hay otros que me quieren.

4. La vida no tiene sentido independientemente de lo que pienso. Uno le da sentido a la vida. El sentido de mi vida era mi trabajo y ya no trabajo, pero puedo hacer otras cosas y pasarla mejor. Puedo aprender cosas nuevas y disfrutar de la vida.

5. Algún día me voy a morir. Quien sabe cuándo, ya que nadie puede predecir su muerte. Puedo durar 1 hora o quizás 20 años más. Voy a vivir hasta que Dios quiera.

La próxima vez que se levante y se mire al espejo, ha cambiado sus pensamientos, ideas irracionales, perturbadoras o negativas, no se va a sentir ansioso o disminuirá significativamente su estado anímico, motivo para hacer sus ajustes con el profesional que lo medica.

Es pertinente señalar, que las ideas irracionales, pensamientos negativos o perturbadores, por costumbre, pueden recurrir y es importante cuestionarlos y cambiarlos y no volver a pensar lo mismo que me ocasionó la ansiedad.

Espero, amable lector, que le dedique un tiempo a entender el mecanismo que ocasiona la ansiedad y se dedique a practicarlo.

"No son las cosas las que atormentan al hombre, si no la opinión o lo que pensamos de ellas".

Este postulado, debe marchar con nosotros para enfocar, prestar primaria atención a lo que pensamos sobre lo que ocurre y no necesariamente a, como me siento por lo que ocurre.

¿En qué estoy pensando? Analizar lo que pienso, me ofrece la alternativa de trabajar y cambiar algo que está bajo mi control. Si algo está bajo mi control lo puedo cambiar, pero si no está bajo mi control simplemente no puedo cambiarlo. No puedo impedir que llueva, pero puedo evitar mojarme y si no puedo evitar mojarme puedo ver la lluvia simplemente como agua que me moja como cuando me baño y ya.

Hay situaciones diversas en la vida de un ser humano, pero es la persona la que decide si es terrible, catastrófico, horrible o insoportable o si es desagradable, desafortunado, inadecuado pero soportable a pesar de que no me guste. La diferencia entre un pensamiento exagerado y perturbador es la consecuencia emocional. Un pensamiento racional, adecuado y positivo resulta siempre en estados psicológicos adecuados.

Tratamiento general. Elimine o cambie.

- ✓ *Elimine* las exigencias de su vida. Usted no tiene que hacer nada que no decida. No acepte las exigencias que los demás le dicen.
- ✓ *Elimine* los *tienes que…*Aprenda que los tienes que… no existen. Si yo lo decido, si

yo quiero. Me convenga o no, es mi decisión.

✓ *Elimine* las aseveraciones universales como: Siempre, nunca, yo sé, es necesario, no puedo, es así y otras universales. Cámbielas por: A veces, es mi opinión, me parece conveniente, me gusta o no me gusta, en este momento no se me ocurre, me parece... Eliminará discusiones, ansiedad, estrés y conflictos en sus relaciones con los demás.

✓ *Elimine* darle exagerada importancia a lo que piensan los demás. Son solo opiniones que usted **no tiene** que compartir o estar de acuerdo.

✓ *Elimine* de su vida los problemas o situaciones de las que no puede cambiar. Se mueren alrededor de 45,000 niños de hambre en el mundo, de acuerdo con las estadísticas de la O.M.S. Solo me voy a agobiar y desesperar si me propongo cambiarlo. Usted no hizo el mundo.

- ✓ ***Elimine*** los siempre sí. Aprenda a decir que no en ocasiones. Usted no tiene control de lo que los demás piensen de usted.
- ✓ ***Elimine*** esperar que los demás sean agradecidos. Cuando uno espera necesariamente agradecimiento y recibe ingratitud resulta en dolor, pena, coraje y ansiedad. Actúe en lo que usted entienda que es correcto, adecuado y razonable. Dar sin esperar, por el simple beneficio de dar recompensa. De un ser humano se puede esperar cualquier cosa. Eso incluye esposos, hijos, jefes, amigos, sacerdotes y de todo el mundo.
- ✓ ***Elimina*** la pena y el dolor como una reacción esperada y natural. No tengo por qué llorar si no quiero, a pesar que lo

esperen los demás. No tengo que sentir pena por las consecuencias razonables de los actos de los demás.

- ✓ **Elimine,** la piedad y la misericordia cristiana como debilidades. Son fortalezas. El "Hay bendito", de los puertorriqueños indica compasión por el menos afortunado. No es que seamos pend…
- ✓ **Elimine** las aseveraciones, las declaraciones o los juicios negativos. "No juzguéis y no serás juzgado."

"Fortalece tus destrezas de pensamiento evaluando y cambiando por ideas racionales o positivas las ideas negativas, perturbadoras y negativas que has tenido y tienes. Ninguna idea negativa, irracional o perturbadora aporta a tu tranquilidad".

Trastornos de ansiedad. ¿Qué hacer?

Los trastornos de ansiedad son diversos como antes mencionados. Entre los más comunes son:

I. Trastorno de ansiedad generalizada (300.02, D.S.M. V). El D.S.M. V, explica la sintomatología y lo asocia a sucesos y eventos. Es decir, que los síntomas son externamente causados.

Exponemos, en éste libro, que la sintomatología que exhibe una persona con un trastorno por ansiedad no es causada por situaciones o eventos externos. Según se describe en la sintomatología que da origen al diagnóstico comienza diciendo: "Ansiedad y preocupación excesiva…". La ansiedad puede ser ocasionada por una preocupación excesiva, pero no son sinónimos. Los síntomas que se manifiestan después de tener la ansiedad no son los que provocan la ansiedad. Es decir, la irritabilidad no provoca la ansiedad. La irritabilidad proviene de **Bi** (pensamientos e ideas irracionales y perturbadoras) y entonces es que la persona se siente ansiosa. Tampoco la ansiedad provoca irritabilidad. Los **Bi** (pensamientos e ideas irracionales y perturbadoras) provocan la irritabilidad. Es pertinente ubicar en la mecánica de la ansiedad a los **B** (pensamientos), entre la ansiedad y un síntoma. Los síntomas ocurren cuando está ansioso y la ansiedad es la consecuencia de los **Bi.** Por lo tanto, los síntomas del estar ansioso son el producto de los **Bi.**

Importantísimo entender lo que explico. La mayor parte de las veces, la persona que manifiesta una sintomatología para un diagnóstico de *Trastorno de ansiedad generalizada,* focaliza o concentra su atención en los síntomas y te expresa, "Yo me siento…". Queremos que entonces focalice o preste primera atención a *cuáles son los pensamientos que ocasionan los síntomas.* Claro, mientras prosiga teniendo los mismos pensamientos va a proseguir sintiendo los mismos síntomas. Comience por aplicar en su vida lo descrito en el tema: **Tratamiento general. Elimine o cambie**.

II. Trastorno de ansiedad por separación.

(309.21, D.S.M. V)

De acuerdo con la literatura, se explica el trastorno de ansiedad como causado por la separación. Como antes expuesto, la situación (**A**) no es lo que ocasiona la ansiedad, si no lo que se piensa de forma negativa o perturbadora (**Bi**) de la separación que es lo que ocasiona la ansiedad(**C**). La mayor parte

de las veces la persona que sufre de ansiedad de separación significativa, tiene los siguientes pensamientos irracionales o perturbadores:
- Si me separo de la persona que quiero le va a pasar algo malo, daño, enfermedad o calamidad terrible.
- Me va a dejar y no va a volver.
- Me voy a quedar solo y no lo voy a soportar.
- Perder la figura de apego. "No puedo estar sin esa persona."
- Me va a dar algo malo si la persona X no está conmigo.
- Me va a dar dolor de…, voy a vomitar, me voy a poner mal si X no está.
- Tengo que llorar y desesperarme si me quedo solo.

Estas son las ideas perturbadoras a considerar y cambiar por pensamientos racionales o positivos:
- A la persona que quiero, NO le va a pasar nada malo. Hay otras personas con ella que la protegen o cuidan.
- Dentro de un periodo de tiempo voy a estar con la persona que quiero o yo sé que no me va a abandonar.
- Voy a estar con otras personas un rato, no voy a estar solo. Es importante independizarme y hacer cosas por mí mismo. Puedo esperar.
- Voy a estar con personas responsables y no me va a pasar nada malo.
- Puedo estar sin la persona que quiero. Yo no tengo enfermedades que me afecten y si me siento mal se

comunican con X y regresa donde estoy. Me voy a sentir bien.

- Voy a aprender a hacer las cosas por mí mismo. Me conviene aprender a separarme de otras personas para lograr mis metas. Yo puedo.

Estos son algunos pensamientos racionales o positivos para cambiar los pensamientos irracionales o perturbadores. Si cambio los pensamientos irracionales o perturbadores por pensamientos racionales o positivos desaparecerá en gran medida la ansiedad por separación.

III. Trastorno de pánico (300.01, D.S.M. V)

Los síntomas de un ataque de pánico son los siguientes: palpitaciones, golpeteo del corazón o aceleración de la frecuencia cardiaca, sudoración, temblor o sacudidas de una o partes del cuerpo, sensación de dificultad para respirar o asfixia, sensación de ahogo, dolor o molestias en el tórax, nauseas o malestar estomacal, sensación de mareo, aturdimiento o desmayo, escalofríos o sensación de calor, sensación de adormecimiento o hormigueo, sensación de irrealidad o de separarse de sí mismo, miedo a perder el control o "volverse loco" y miedo a morir, entre los más significativos. Es importante distinguir que estos síntomas no tienen relación con el consumo de sustancias psicoactivas o drogas o trastornos como el hipertiroidismo o condiciones cardiopulmonares.

Existe mucha literatura sobre las posibles causas de los *ataques de pánico*. Recuerde las descripciones y distintas teorías descritas en éste libro como los causantes de los trastornos de ansiedad. Sin embargo, amable lector, espero que considere seriamente, que los seres humanos contamos con el instrumento más poderoso en el universo, la capacidad para pensar, construir, crear, inventar, minimizar, exagerar o cambiar los pensamientos, las ideas. Ningún pensamiento existe por si solo o lo creo o lo incorporo a mi sistema de ideas. Claro, tenemos ese poder. De igual manera, construimos pensamientos que nos producen bienestar, satisfacción, salud y felicidad, pero también construimos pensamientos con ideas que nos afectan negativamente todo nuestro organismo. La sintomatología descrita ocurre luego de sentir la ansiedad y el *ataque de pánico.* El éxito del procedimiento que les estoy describiendo y recomendando esta en PREVENIR el *ataque de pánico* y el malestar que ocasiona. Es importante entender, que el ataque de pánico *no es algo que me da o me ocurre.* No es una enfermedad que me contagia ni es algo que esta fuera de mi control.

Entiendo que las personas que lo sufren no saben o no entienden el porqué se sienten así. Simplemente me describen los síntomas que sufren y el temor a volver a sufrirlos. Muchas personas se desesperan y terminan en una Sala de Urgencias buscando ayuda. La mayor parte de las veces, al realizar la entrevista médica se recomiendan exámenes de funciones cardiacas y laboratorios. Si el médico, luego de los pertinentes exámenes, entiende que es un *ataque de pánico,* medica al paciente con algún ansiolítico o un antidepresivo como los siguientes:

Ansiolíticos de **vida media corta** (sus efectos pueden durar hasta 8 horas):

Bentazepam.

Clotiazepam.

Cloxazolam.

Ansiolíticos de **vida media intermedia** (sus efectos duran de 8 a 24 horas):

Alprazolam.

Bromazepam.

Camazepam.

Clobazam.

Ketazolam.

Lorazepam.

Oxazepam.

Oxazolam.

Pinazepam.

Ansiolíticos de **vida media larga** (sus efectos duran más de 24 horas):

Clorazepato dipotasio.

Clordiazepoxido.

Clordiazepoxido + piridoxina.

Diazepam.

Halazepam.

Medazepam.

Prazepam.

Todos estos medicamentos, producen una disminución en el nivel de ansiedad, pero ninguno PREVIENE O CURA, los ataque de pánico. Es decir, si piensa que acudir a una

Sala de Urgencias cada vez que sufre de un *ataque de pánico* y es medicada, debe considerar que puede ser para el resto de su vida si es que no busca alternativas duraderas. Definitivamente, la farmacoterapia es muy efectiva, a corto plazo, para minimizar los síntomas de un ataque de pánico, pero a largo plazo va a tener una serie de efectos secundarios negativos que se deben considerar con seriedad.

¿Por qué se sienten todos esos síntomas negativos?

Entendamos como nuestros sistemas corporales reaccionan a nuestros pensamientos.

Ejemplo: Piense que esta mordiendo un limón verde y jugoso. La acides de la cascara y jugo del limón comienza a llenar su boca. Inmediatamente comienza a sentir como tiene un mayor flujo de saliva en su boca. ¿Dónde está el limón? No hay ninguna estimulación externa. Se trata de unas y numerosísimas, formaciones orgánicas individuales especializadas, secretoras de saliva, que mantiene la lubricación y humedad de la boca, evita infecciones y caries, contiene inmunoglobulinas, lisosomas y fosfatasas en su secreción mucosa y serosa. Estas glándulas responden a algunos pensamientos y no a todos los pensamientos para secretar saliva. De la misma forma, podríamos nombrar todas las glándulas y sistemas corporales con una relación directa con nuestros pensamientos. Cuando nos excitamos, como ejemplo, la glándula toroide y las adrenales secretan tiroxina y adrenalina. Estas sustancias generan estimulación y aceleran el metabolismo. De igual manera aumenta el nivel de glucosa en la sangre y la producción de cortisol.

El cortisol (hidrocortisona), es una hormona esteroidea, o glucocorticoide, producida por la glándula suprarrenal. Se libera como respuesta al estrés y a un nivel bajo de glucocorticoides en la sangre. Sus funciones principales son incrementar el nivel de azúcar en la sangre (glucemia) a través de la gluconeogénesis, suprimir el sistema inmunológico y ayudar al metabolismo de las grasas, proteínas y carbohidratos.

Sabiendo cuales pueden ser las reacciones o consecuencias corporales de algunos pensamientos, debemos entonces distinguir cuales son los pensamientos que generan reacciones adversas, negativas o síntomas de ansiedad y el *ataque de pánico.*

Pensamientos negativos o perturbadores como los siguientes:

1. Tengo miedo a tener miedo de sentirme mal. Miedo a que me vuelva a ocurrir.
2. Sentimiento de volverse loco o perder el control.
3. Sensación de estar en grave peligro.
4. No puedo estar aquí porque algo malo me va a pasar.
5. Voy a marearme o a vomitar.
6. Me va a dar un ataque cardiaco.
7. Voy a temblar y a ponerme mal.
8. Me va a faltar la respiración.
9. Me va a doler el pecho o el estómago.
10. Me voy a poner pálido.
11. Me siento raro, como si no fuera yo.
12. Sensación de que se va a morir.

Pensamientos positivos o racionales.

1. Perder el miedo. No tengo porque sentirme mal. Los síntomas no me ocurren y yo no los voy a producir. Me voy a sentir bien porque yo tengo el control de mis pensamientos.

2. Uno no se vuelve loco. Esto es algo que no ocurre. Yo tengo control de lo que pienso.

3. No estoy en ningún peligro. Estoy bien. Puedo buscar ayuda si quiero.

4. Nada malo me va a pasar. Estoy en un lugar seguro.

5. No tengo porque marearme o vomitar. No tengo enfermedades que me provoquen mareo ni vómitos.

6. No tengo condiciones cardiacas para que me ocurra un ataque cardiaco. El corazón es el órgano más fuerte del cuerpo.

7. No me voy a poner nervioso por lo que no voy a temblar y ponerme mal.

8. Hay suficiente oxigeno para todos. No me va a faltar el aire ni tengo porque buscar más aire o respirar distinto. Voy a respirar normalmente.

9. Si me pongo muy ansioso entonces es posible que me duela el pecho, el estomago y otros, pero no me voy a poner ansioso, voy a estar tranquilo y me voy a sentir bien.

10. No me voy a poner pálido porque no voy a estar ansioso.

11. Si me pongo ansioso me voy a sentir raro, pero no tengo porqué estar ansioso, así que me voy a sentir bien.

12. No voy a morir por sentirme ansioso. Voy a seguir viviendo bien hasta que Dios quiera. No voy a pensar de forma negativa, voy a disfrutar y a estar bien.

Alguno de mis pacientes me ha dicho: "Que fácil parece para usted." o ¿Usted me dice que si cambio las ideas negativas cambio mi emoción? La contestación es que sí. Claro, estamos hablando de personas que han sufrido de ansiedad patológica por muchos años y han estado hospitalizados con ataques de pánico, probado distintos medicamentos, han acudido a centros espiritista, han tomado teses de cuanta yerba hay y solo han logrado un alivio a corto plazo y temporero.

Cuando se desarrolla una destreza de pensamiento se utiliza para toda la vida obteniendo siempre resultados positivos.

Veamos el curso del ataque de pánico como lo ve el paciente.

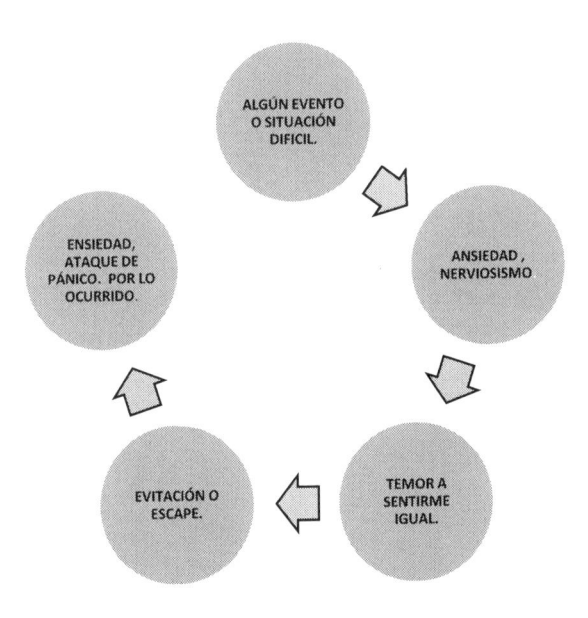

- ALGÚN EVENTO O SITUACIÓN DIFICIL.
- ANSIEDAD, NERVIOSISMO
- TEMOR A SENTIRME IGUAL.
- EVITACIÓN O ESCAPE.
- ENSIEDAD, ATAQUE DE PÁNICO. POR LO OCURRIDO.

Veamos como el paciente se provoca el estado de ansiedad y ataque de pánico.

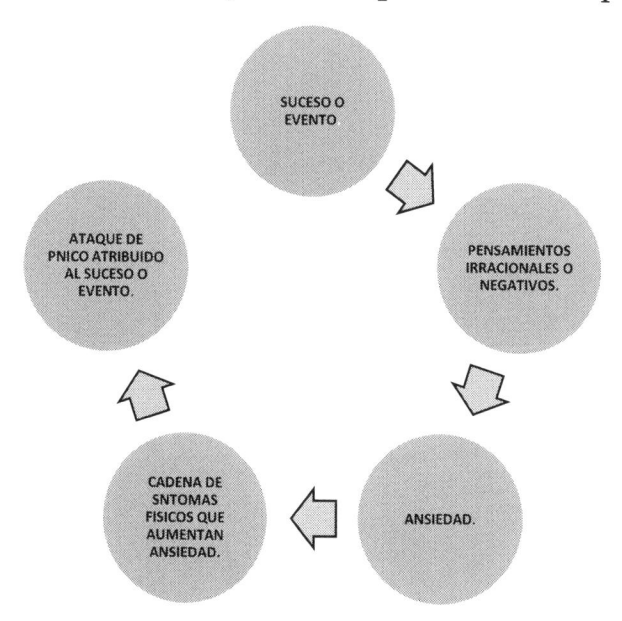

```
        SUCESO O
         EVENTO

ATAQUE DE              PENSAMIENTOS
PNICO ATRIBUIDO        IRRACIONALES O
AL SUCESO O            NEGATIVOS.
EVENTO.

CADENA DE
SNTOMAS
FISICOS QUE            ANSIEDAD.
AUMENTAN
ANSIEDAD.
```

Explicamos: "No son las cosas las que atormentan al hombre, sino lo que pensamos de las cosas." Lo que ocurre no tiene nada que ver con lo que pienso. Yo pienso lo que yo quiero. Una vez tengo pensamientos irracionales, negativos y perturbadores, me ocasiono ansiedad. La ansiedad ocasiona una serie de reacciones o síntomas corporales o físicos que hemos descrito. Una vez experimenta o siente los síntomas corporales piensa negativamente sobre los síntomas (Me voy a poner mal...ya me va a dar esto de nuevo...me voy a morir...etc.) y prosigue ocasionando otros síntomas que alarman sus sistemas corporales (cardiaco, respiratorio, nervioso, gastrointestinal, glandular etc.). El cuerpo comienza a reaccionar al estado de alarma y crea otros síntomas por lo que la persona se asusta y siente temor, al grado de entrar en crisis o un ataque de pánico. Regularmente la persona respira de forma apresurada, se elevan los latidos cardiacos, se pone pálido, le tiemblan las manos y otros síntomas. Cuando le pregunto cómo se calmo, algunos me dicen: "En el hospital me inyectaron Vistaril" o algún otro fármaco". También me dicen: "Me puse a pensar en mis hijos en que voy a estar bien, en que esto me va a pasar y me dormí". Regularmente, la persona que sufre de ansiedad no necesariamente sufre de ataques de pánico ya que controlan la producción de síntomas y no alcanzan la gravedad del ataque de pánico. En ocasiones me explican que a veces se controlan y no llegan al ataque de pánico, pero en otras ocasiones me dicen que no lo pueden evitar. El paciente no se explica o desconoce cómo evitar el ataque de pánico y lo atribuye a situaciones o sucesos externos, como por ejemplo, me fui a caminar por el bosque, me visitó mi madre, me puse a lavar el carro y desfocalizan el pensamiento irracional, negativo o perturbador en una actividad. Muchas personas mejoran su nivel de ansiedad y cuando piensan que les "va a dar" un ataque de pánico realiza actividades y se sienten mejor. Claro, no es la actividad lo que hace que la persona controle su nivel de actividad o evite el ataque de pánico, es el cambio de pensamiento de uno negativo, irracional y perturbador a uno positivo, racional y edificante. Por ejemplo: Me pongo ansioso y me voy a caminar. Mientras camino pienso: "Caminando no me va a dar el ataque de pánico, voy a estar bien, no me va a pasar nada malo, esto se me quita con el ejercicio, etc". Entonces minimiza el nivel de ansiedad y evita el ataque de pánico.

"Es importante recordar que el ataque de pánico no te da, o no te ocurre, sino que es ocasionado por la persona y específicamente por los pensamientos exagerados, irracionales, negativos o perturbadores. Si esos pensamientos no los tienes el ataque de pánico no lo va a sentir".

Como toda destreza en desarrollo requiere de práctica.

Evita el ataque de pánico:

1. ¿En qué estoy pensando? No te preguntes qué pasa, qué me hacen, que siento, porque estoy así.
2. Una vez identifiques los pensamientos irracionales, exagerados, negativos o perturbadores, combátelos y cámbialos por pensamientos racionales, adecuados, positivos.
3. Obtendrás un cambio emocional. El nivel de ansiedad disminuirá y no alcanzara el ataque de pánico.

Les comunico a mis pacientes, que regularmente cuando una persona asiste a un médico u este le prescribe un medicamento, acuden a una farmacia, leen el horario del consumo del medicamento y se programan para consumir el medicamento según prescrito. Algunos tienen una a la alarma en el teléfono, otros ubican el medicamento en lugares visibles y a horas determinadas como en el desayuno o antes de dormir etc. Sin embargo, algunas personas a pesar de comprender lo expuesto en la psicoterapia no implementan lo recomendado. En la próxima entrevista, al preguntarle sobre el procedimiento descrito para evitar la ansiedad y el estado de pánico me informan que no recuerdan o que lo pensaron o más o menos. Claro... no obtienen los beneficios esperados y comenzamos con la primera sesión en forma de repaso, lo que nos retrasa el éxito del tratamiento en más sesiones.

"Menospreciamos la importancia y capacidad que tenemos por medio del uso del pensamiento para modificar nuestras emociones, afectar

positiva o negativamente funciones corporales y tener una mejor condición física y emocional".

IV. Trastorno de ansiedad generalizada. (300.02, D.S.M. V)

Fuente: American Psychiatric Association

Ansiedad y preocupaciones excesivas (anticipación aprensiva), que se produce durante más días de los que ha estado ausente durante un mínimo de seis meses, en relación con diversos sucesos o actividades (como en la actividad laboral o escolar).

Al individuo le es difícil controlar la preocupación.

La ansiedad y la preocupación se asocian a tres (o más) de los seis síntomas siguientes (y al menos algunos síntomas han estado presentes durante más días de los que han estado ausentes durante los últimos seis meses (Nota: En los niños, solamente se requiere un ítem):

Inquietud o sensación de estar atrapado o con los nervios de punta.

Fácilmente fatigado.

Dificultad para concentrarse o quedarse con la mente en blanco

Irritabilidad.

Tensión muscular.

Problemas de sueño (dificultad para dormirse o para continuar durmiendo, o sueño inquieto e insatisfactorio).

La ansiedad, la preocupación o los síntomas físicos causan malestar clínicamente significativo o deterioro en lo social, laboral u otras áreas importantes del funcionamiento.

La alteración no se puede atribuir a los efectos fisiológicos de una sustancia (p. ej., una droga, un médicamente) ni a otra afectación médica (p. ej., hipertiroidismo).

La alteración no se explica mejor por otro trastorno mental (p. ej., ansiedad o preocupación de tener ataques de pánico en el trastorno de pánico, valoración negativa en el trastorno de ansiedad social (fobia social), contaminación u otras obsesiones en el trastorno obsesivocompulsivo, separación de las figuras de apego en el trastorno de ansiedad por separación, recuerdo de sucesos traumáticos en el trastorno de estrés postraumático, aumento de peso en la anorexia nerviosa, dolencias físicas en el trastorno de síntomas somáticos, percepción de imperfecciones en el trastorno dismórfico corporal, tener una enfermedad grave en el trastorno de ansiedad por enfermedad, o el contenido de creencias delirantes en la esquizofrenia o el trastorno delirante.

Criterios CIE10 para el diagnóstico del Trastorno de Ansiedad Generalizada

Fuente: Organización Mundial de la Salud

La característica esencial de este trastorno es una ansiedad generalizada y persistente, que no está limitada y ni siquiera predomina en ninguna circunstancia ambiental en particular (es decir, se trata de una "angustia libre flotante"). Como en el caso de otros trastornos de ansiedad los síntomas predominantes son muy variables, pero lo más frecuente son quejas de sentirse constantemente nervioso, con temblores, tensión muscular, sudoración, mareos, palpitaciones, vértigos y molestias epigástricas. A menudo se ponen de manifiesto temores a que uno mismo o Un familiar vaya a caer enfermo o a tener un accidente, junto con otras preocupaciones y presentimientos muy diversos. Este trastorno es más frecuente en mujeres y está a menudo relacionado con estrés ambiental crónico. Su curso es variable, pero tiende á ser fluctuante y crónico.

El afectado debe tener síntomas de ansiedad la mayor parte de los días durante al menos varias semanas seguidas. Entre ellos deben estar presentes rasgos de:

Aprensión (preocupaciones acerca de calamidades venideras, sentirse "al límite", dificultades de concentración, etc.).

Tensión muscular (agitación e inquietud psicomotrices, cefaleas de tensión, temblores, incapacidad de relajarse).

Hiperactividad vegetativa (mareos, sudoración, taquicardia o taquipnea, molestias epigástricas, vértigo, sequedad de boca, etc.).

En los niños suelen ser llamativas la necesidad constante de seguridad y las quejas somáticas recurrentes.

La presencia transitoria (durante pocos días seguidos) de otros síntomas, en particular de depresión, no descarta un diagnóstico principal de trastorno de ansiedad generalizada, pero no deben satisfacerse las pautas de episodio depresivo, trastorno de ansiedad fóbica, trastorno de pánico o trastorno obsesivocompulsivo.

Si analizamos la explicación de lo que es un *Trastorno de ansiedad generalizada,* según descrito, nos explica la sintomatología por la que se obtiene el diagnóstico. No explica el porqué de la sintomatología.

El porqué de la sintomatología, se intenta explicar de acuerdo a distintas teorías como las que previamente hemos expuesto en este libro.

Debemos considerar, que la *Ansiedad generalizada* no existe. Nadie está ansioso siempre o por lo menos en mis 40 años de práctica clínica, no lo he encontrado. Las personas sufren de ansiedad leve, moderada o severa en distintos grados y en distintas ocasiones de su diario vivir. Por ejemplo, hay personas que tienen una ansiedad severa y no tienen dificultades alimentarias ni problemas en su desempeño sexual, otros manifiestan una ansiedad leve y tienen pérdida de apetito o dificultades sexuales. Cada persona es única en el universo. Lo cierto, a mi entender, es que hay ocasiones en que la persona controla su nivel de ansiedad sin percatarse cuál es el procedimiento que utiliza. Simplemente, lo hace solo en ocasiones. *En otras ocasiones, no utiliza el mismo procedimiento y no obtiene los mismos resultados.*

Pretendo en este libro identificar y enseñar el procedimiento adecuado para obtener control emocional. Según he expuesto, la construcción o creación de algunos pensamientos, ocasiona los distintos tipos de ansiedad. Es frecuente que la persona que exhibe una sintomatología asociada a un *trastorno de ansiedad generalizada,* tenga pensamientos como los siguientes:

1. Nada me sale bien.
2. Yo tengo mala suerte.
3. Las cosas tienen que ser o blancas o negras.
4. Exagerar las consecuencias de los actos.
5. Pensamientos obsesivos. "Esto tiene que ser así."
6. Generalizan. Los todos, siempre, nunca, no puedo, jamás y las aseveraciones universales están presentes en sus pensamientos.
7. Piensan que todo lo malo les ocurre a ellos.
8. Se reafirman en que nunca van a mejorar o que no tienen remedio.

Esencialmente, una persona con pensamientos irracionales, negativos y perturbadores como estos, se sentirá abrumado, ansioso y con mal humor, con una pobre tolerancia a frustraciones y tendencia a molestarse con facilidad. Además, las consecuencias en el estado de salud son muchas. Se sienten siempre cansados, con espasmos musculares, inflamaciones, dolores de cabeza y muchos otros síntomas que en ocasiones no se reflejan en laboratorios químicos ni en análisis médicos.

V. Agorafobia o miedo social.

(300.22, D.S.M. V)

Criterios DSMV para el diagnóstico de Agorafobia. Fuente: American Psychiatric Association

Miedo o ansiedad intensa acerca de dos (o más) de las cinco situaciones siguientes:

Uso del transporte público (p. ej., automóviles, autobuses, trenes, barcos, aviones).

Estar en espacios abiertos (p. ej., zonas de estacionamiento, mercados, puentes).

Estar en sitios cerrador (p. ej., tiendas, teatros, cines).

Hacer cola o estar en medio de una multitud.

Estar fuera de casa solo.

El individuo teme o evita estas situaciones debido a la idea de que escapar podría ser difícil o podría no disponer de ayuda si aparecen síntomas tipo pánico u otros síntomas incapacitantes o embarazosos (p. ej., miedo a caerse en las personas de edad avanzada; miedo a la incontinencia).

Las situaciones agorafóbicas casi siempre provocan miedo o ansiedad.

Las situaciones agorafóbicas se evitan activamente, requieren la presencia de un acompañante o se resisten con miedo o ansiedad intensa.

El miedo o la ansiedad es desproporcionado al peligro real que plantean las situaciones agorafóbicas y al contexto sociocultural.

El miedo, la ansiedad o la evitación es continua, y dura típicamente seis o más meses.

El miedo, la ansiedad o la evitación causa malestar clínicamente significativo o deterioro en lo social, laboral u otras áreas importantes del funcionamiento.

Si existe otra afección médica (p.ej., enfermedad intestinal inflamatoria, enfermedad de Parkinson), el miedo, la ansiedad o la evitación es claramente excesiva.

El miedo, la ansiedad o la evitación no se explica mejor por los síntomas de otro trastorno mental por ejemplo, los síntomas no se limitan a la fobia específica, a la situación; no implican únicamente situaciones sociales (como en el trastorno de ansiedad social); y no están exclusivamente relacionados con las obsesiones (como en el trastorno obsesivocompulsivo), defectos o imperfecciones percibidos en el aspecto físico (como en el trastorno dismórfico corporal), recuerdo de sucesos traumáticos (como en el trastorno de estrés postraumático) o miedo a la separación (como en el trastorno de ansiedad por separación).

Nota: Se diagnostica agorafobia independientemente de la presencia de trastorno de pánico. Si la presentación en un individuo cumple los criterios para el trastorno de pánico y agorafobia, se asignarán ambos diagnósticos.

Criterios CIE10 para el diagnóstico de Agorafobia. Fuente: Organización Mundial de la Salud

El término "agorafobia" se utiliza aquí con un sentido más amplio que el original y que el utilizado aún en algunos países. Se incluyen en él no sólo los temores a lugares abiertos, sino también otros relacionados con ellos, como temores a las multitudes y a la dificultad para poder escapar inmediatamente a un lugar seguro (por lo general el hogar). El término abarca un conjunto de fobias relacionadas entre sí, a veces solapadas, entre ellos temores a salir del hogar, a entrar en tiendas o almacenes, a las multitudes, a los lugares públicos y a viajar solo en trenes, autobuses o aviones. Aunque la gravedad de la ansiedad y la intensidad de la conducta de evitación son variables, éste es el más incapacitante de los trastornos fóbicos y algunos individuos llegan a quedar completamente confinados en su casa. A muchos enfermos les aterra pensar en la posibilidad de poder desmayarse o quedarse solos, sin ayuda, en público. La vivencia de la falta de una salida inmediata es uno de los rasgos clave de muchas de las situaciones que inducen la agorafobia. La mayor parte de los afectados son mujeres y el trastorno comienza en general al principio de la vida adulta. Están presentes a menudo síntomas depresivos y obsesivos y fobias sociales, pero no predominan en el cuadro clínico. En ausencia de un tratamiento efectivo la agorafobia suele cronificarse, aunque su intensidad puede ser fluctuante.

Si analizamos el trastorno de ansiedad conocido como agorafobia o miedo social, según expuesto por el D.S.M. V y la O.M.S., podríamos entender que la ansiedad es producida o causada por estar en lugares de mucho público, en lugares abiertos, dificultad para escapar a un lugar seguro, como el hogar, la posibilidad de desmayarse y encontrarse solos, temor a salir del hogar y otros. Debo señalar que ninguna situación de las mencionadas produce la agorafobia. Si fueran las situaciones las que ocasionaran la agorafobia, entonces todas las personas en las mismas situaciones deberían, por lógica simple, sentir agorafobia.

La diferencia entre las distintas emociones que se experimentan con situaciones similares nos ilustra la importancia que juegan los pensamientos en la interacción de los seres humanos con el mundo. Por ejemplo:

Situación(**A**)Voy para una fiesta donde acudirán algunos de mis amistades.

Pensamientos racionales o positivos (**Br**)

- Voy a disfrutar con algunos de mis amigos.
- La voy a pasar maravillosamente.
- Quizás alguna persona no me simpatice pero no debo esperar que me simpatice todo el mundo.

- Si alguien no se alegra de verme no quiere decir que nadie se alegrará de verme. Algunos si y otros no.
- Si me siento mal por alguna razón puedo regresar a mi hogar, no me voy a morir.
- No me va a pasar nada malo. Espero.

Emoción adecuada (**Ca**) Tranquilidad. No siente agorafobia.

Pensamientos irracionales, negativos o perturbadores (**Bi**).

- No puedo estar donde hay muchas personas porque me pongo mal.
- Me voy a sentir ansioso y no puedo soportarlo.
- Voy a ir a la fiesta a sufrir.
- La gente me va a mirar y a darse cuenta que estoy temeroso.

- Voy a encontrarme con personas que no soporto y me sentiré ansioso.
- Si me pongo mal donde voy a ir.
- Si me pongo mal me voy a desmayar o hacer el ridículo delante de ms compañeros.
- Mejor me quedo en mi casa porque no puedo salir de mi casa.

Estos pensamientos irracionales, negativos y perturbadores (Bi) ocasionarán una emoción inadecuada (**Ci**) como la agorafobia.

Podemos comprender que el mecanismo adecuado para evitar la agorafobia es evaluar es identificar los pensamientos irracionales, perturbadores y negativos para cambiarlos en pensamientos racionales y positivos. Claro, existe entonces el reto o una vez entiendo qué es lo que hago para sentir la agorafobia, debo actuar. O sea, ir a la fiesta e implementar el cambio de pensamiento. La pregunta de pensar en *lo peor que puede ocurrir,* en ocasiones elimina el miedo a que ocurra algo tan terrible que no pueda soportarlo. ¿Qué es lo peor que me puede ocurrir? ¿Me va a tragar la tierra? ¿Me voy a morir? ¿Se me va a caer la cabeza? Contestación racional y positivaNo me va a tragar la tierra, ni me voy a morir, ni se me va a caer la cabeza. ¡Que exageración!

"Cuando se pierde el miedo al miedo se elimina el miedo".

Zona de "confort", "burbuja de protección", "área segura", son los lugares que la persona agorafóbica identifica como un lugar seguro:

Aquí es donde me siento bien.

Donde estoy seguro

Donde nada me pasa.

Donde no me pongo ansioso.

Por esos pensamientos irracionales la persona se resiste a salir de su hogar. Es esencial que la persona cambie esos pensamientos irracionales por:

- Me puedo sentir bien en otros lugares.
- Puedo estar seguro fuera de mi hogar también.
- Nada me tiene que ocurrir en otros lugares si no me corro riesgos exagerados.
- Voy a estar bien, a disfrutar de la vida, sentirme tranquilo y feliz.

La actitud de correr riesgos pensados y aventurarme ayuda a pesar de sentir ansiedad, ya que la persona puede evaluar la situación (**A**) de una manera no amenazante (**Br**) y lograr una emoción adecuada (**Ca**).

Vivir con agorafobia es crear una cárcel de miedo y limitarse a disfrutar de lo positivo, bonito y cosas buenas de la vida.

VI. Fobias, miedos o temores.

Criterios del DSMV para el diagnóstico Fobia Especifica

Fuente: American Psychiatric Association

Miedo o ansiedad intensa por un objeto o situación específica (p. ej., volar, alturas, animales, administración de una inyección, ver sangre). Nota: En los niños, el miedo o la ansiedad se puede expresar con llanto, rabietas, quedarse paralizados o aferrarse.

El objeto o la situación fóbica se evita o resiste activamente con miedo o ansiedad inmediata.

El objeto o la situación fóbica se evita o resiste activamente con miedo o ansiedad intensa.

El miedo o la ansiedad es desproporcionado al peligro real que plantea el objeto o situación específica y al contexto sociocultural.

El miedo o la ansiedad o la evitación es persistente, y dura típicamente seis o más meses.

El miedo o la ansiedad o la evitación causa malestar clínicamente significativo o deterioro en lo social, laboral u otras áreas importantes del funcionamiento.

La alteración no se explica mejor por los síntomas de otro trastorno mental, como el miedo, la ansiedad y la evitación de situaciones asociadas a síntomas tipo pánico u otros síntomas incapacitantes (como la agorafobia); objetos o situaciones relacionados con obsesiones (como en el trastorno obsesivocompulsivo); recuerdo de sucesos traumáticos (como en el trastorno de estrés postraumático); dejar el hogar o separación de las figuras de apego (como en el trastorno de ansiedad por separación); o situaciones sociales (como en el trastorno de ansiedad social).

Criterios CIE10 pata el diagnóstico de Fobia Específica (Aisladas o simples)

Fuente: Organización Mundial de la Salud.

Fobias restringidas a situaciones muy específicas tales como a la proximidad de animales determinados, las alturas, los truenos, la oscuridad, a viajar en avión, a los espacios cerrados, a tener que utilizar urinarios públicos, a ingerir ciertos alimentos, a acudir al dentista, a la visión de sangre o de heridas o al contagio de enfermedades concretas. Aunque la situación desencadenante sea muy específica y concreta, su presencia puede producir pánico como en la agorafobia y en las fobias sociales. Las fobias específicas suelen presentarse por primera vez en la infancia o al comienzo de la vida adulta y, si no son tratadas, pueden persistir durante décadas. El grado de incapacidad que producen depende de lo fácil que sea para el enfermo evitar la situación fóbica. El temor a la situación fóbica tiende a ser estable, al contrario de lo que sucede en la agorafobia.

Si analizamos lo descrito por la *American Psychiatric Association:*

"*El objeto o la situación fóbica se evita o resiste activamente con miedo o ansiedad inmediata.*"

"El objeto o la situación fóbica se evita o resiste activamente con miedo o ansiedad intensa."

Indica que: "El objeto o la situación fóbica…". Debemos considerar que no existen objetos o situaciones fóbicas. La fobia no es causada por un objeto o situación, sino por los pensamientos irracionales, negativos o perturbadores que piensa la persona, sobre el objeto o situación.

Si existieran objetos o situaciones fóbicas independientemente de los pensamientos individuales de cada persona, entonces todas las personas debían sentir fobia ante esos objetos o situaciones.

Fobias más comunes:

Miedo a los ascensores. Regular mente la persona asiste a psicoterapia y narra lo que siente cuando piensa que va a entrar a un ascensor.

- Me pongo nerviosa.
- Se me agita el corazón.
- Siento que me va a faltar la respiración porque no haya suficiente aire.
- Se daña el ascensor y me quedo atrapada. Eso es horrible y no lo puedo soportar.
- Me va a dar algo malo.
- Me voy a morir.

Pensamientos irracionales, negativos o perturbadores como estos son los principales detonantes del miedo. Sería otra emoción si la persona aprende a cambiar esos pensamientos irracionales, negativos o perturbadores por pensamientos racionales, positivos o adecuados como estos:

- Voy a estar tranquilo.

- Mi corazón está sano y si late más rápido no me va a ocurrir nada. No me va a dar un ataque cardiaco.
- Hay suficiente aire y oxigeno en un ascensor. Además, los ascensores tienen conductos de aire. No me voy a asfixiar.
- No me gustaría que se dañara el ascensor, pero si se detiene solo esperaré que lo arreglen y pueda continuar. No me voy a caer por el hoyo del ascensor ni me voy a quedar durante horas atrapadas y sin salida.
- Estar en un ascensor es como estar en un vehículo de transporte. No me va a pasar nada malo que no me pueda ocurrir en un automóvil, en un bote o avión.
- Si entro a un ascensor en el que muchas personas utilizan diariamente, no me voy a morir.

- Voy a superar el miedo a entrar a un ascensor y estaré mejor. Yo puedo y lo voy a intentar.

Recuerde, el desarrollo de la destreza de focalizar en 'lo que estoy pensando' y no en lo que ocurre o siento. Luego, identificar los (**Bi**) pensamientos irracionales, negativos o perturbadores para entonces (**D**) cuestionar y cambiar esos pensamientos irracionales, negativos o perturbadores por (**Br**) pensamientos racionales, positivos o adecuados. Entonces experimentará un cambio en (**C**) su estado emocional y eliminará el miedo. Recuerde que no basta con solo pensarlo y no intentarlo. Atrévase a entrar al ascensor como un ejercicio de superación.

_ Miedo a insectos (cucarachas, arañas, culebras etc.)

Si bien es cierto que existen insectos cuyo veneno puede ocasionar una seria lesión o hasta la muerte, la mayor parte son inofensivos. De acuerdo al país o lugar en el que se encuentre, se sabe, o se debe tener conocimientos generales, sobre la fauna que nos rodea. Sabemos que las cucarachas, no pican, no tienen veneno, no atacan a las personas, pero pueden propagar infecciones como: E. Coli, la Salmonela, la Fiebre Tifoidea, el Staphylococcus y Streptococcus, el Cólera, la Gastroenteritis, la Disentería y la Lepra. ¿Saben qué? Los perros y los gatos también. Una cosa es jugar con las cucarachas o compartir un lugar en el que las cucarachas abunden y otra cosa en salir corriendo y gritando si veo una cucaracha. La persona con fobia, temor o miedo a las cucarachas exagera de forma significativa. Una vez piensan o ven una cucaracha, tienen pensamientos como estos:

1. No puedo soportar ver una cucaracha.
2. Si me cae encima voy a salir corriendo y gritando.
3. Me muero si me vuela encima.
4. Me va a picar y me voy a morir o a enfermar.
5. Voy a estar en una situación bochornosa si se me acerca la cucaracha.
6. Es horrible ese animalito.
7. Es asqueroso y no puedo tolerarlo.

Estos son algunos pensamientos irracionales, negativos o perturbadores que ocasionan el miedo a las cucarachas. Debemos analizar la ***exageración*** en los efectos que pueda tener el contacto con una cucaracha y cambiar esos pensamientos irracionales, negativos o perturbadores por algunos pensamientos racionales, positivos o adecuados como estos:

1. Ver a una cucaracha no significa ningún riesgo a mi salud o seguridad, de la misma forma que ver a un león o un cocodrilo en un zoológico.
2. Si me cae encima (que es poco probable), no me va a picar, morder o poner en peligro mi salud o seguridad. Solo la alejaré de mí. No me gusta que las cucarachas me caminen por encima, pero no me van a hacer ningún daño.
3. Que no me guste o agrade el que una cucaracha me vuele encima, no quiere decir que me voy a morir. No me voy a morir.
4. Las cucarachas no pican o tienen venero. No me van a hacer ese daño.

5. Si se me acerca la cucaracha puedo alejarme de ella o simplemente poner uno de mis zapatos sobre ella y eliminarla.
6. De la misma forma que puedo pensar que un elefante o un rinoceronte pueden ser hermosos, puedo aprender que las cucarachas son insectos prodigiosos que han sobrevivido a muchas catástrofes naturales y ocasionadas por nosotros los seres humanos (como la radiación de la bomba atómica) y son seres vivientes que han causado menos daño a nuestro planeta que los seres humanos.
7. Las cucarachas, son más limpias que los seres humanos. Tenemos más bacterias en la boca y en nuestro cuerpo que las que puedan tener las familias de las cucarachas. ¡Si me relaciono y puedo tolerar a otro ser humano, también puedo tolerar a una cucaracha!

En mi experiencia como psicólogo clínico, he observado que los pensamientos irracionales, negativos o perturbadores, surgen, *como una costumbre a pensarlos*, una vez se encuentra el objeto o cucaracha. Es pertinente, que una vez surjan estos pensamientos irracionales, negativos o perturbadores, se cuestionen y cambien. De la misma manera cuando surge un dolor se recurre a un medicamento que lo calma. Es importante el recurrir a identificar los pensamientos irracionales, negativos o perturbadores y cambiarlos para eliminar el miedo.

Podríamos nombrar muchas fobias, pero resumimos los mismos orígenes y el mismo procedimiento para vencerlos.

"Las fobias, temores o miedos a los insectos no son producidos u ocasionados por los

insectos, sino por los pensamientos irracionales, negativos o perturbadores de los insectos."

En una ocasión un paciente, con tono de escepticismo me preguntó: "Doctor, no me diga a mí, que no le tiene miedo a ningún insecto. Hay insectos que pican, muerden y hacen daño." Le contesté: " Precaución ante los insectos que desconozco, pero ante los que conozco, como a las cucarachas, culebras de Puerto Rico, arañas que no pican, escarabajos y otros inofensivos no siento ningún miedo y puedo tolerar y compartir su presencia, de la misma manera que a un gato, perro, caballo etc. Que no me agrade un insecto no significa que le tenga fobia.

Bueno… hay personas que le sacan ventajas a las fobias. Por ejemplo: "No podemos hacer un recibimiento en la casa de campo porque el invitado le tiene fobia a los lagartijos. Hay que recibirlo en un salón con aire acondicionado en la ciudad". El no va a casa de su suegra porque dice que hay cucarachas y él le tiene fobia.

Las fobias son más toleradas en las mujeres y un signo de debilidad en los hombres, en distintas culturas. También se atribuye en forma de prejuicios socioeconómicos. Las fobias en personas adineradas, de alta posición social, en ocasiones son vistas como sinónimos de limpieza, pulcritud, excentricismo o alta alcurnia. Por ejemplo: "No puedo tolerar una mosca, les temo tanto que me pongo mal."

Sin embargo, las risas y burlas da las personas que no sienten la misma emoción o miedo deja mucho que desear por no mostrar compasión por el que verdaderamente sufre la ansiedad y el temor. La mayor parte de las personas que sienten una fobia, no la desean y en ocasiones se avergüenzan de la misma.

"Entender las debilidades humanas en el control de sus emociones nos hace más humanos, comprensivos y tolerantes."

En la revisión de la literatura médica relacionada a los trastornos de ansiedad, debemos incluir, pero sin definir como necesariamente causal, enfermedades o condiciones físicas asociadas a una sintomatología de ansiedad. También debemos distinguir que un síntoma como el temblor de manos, una contracción de un musculo facial o un movimiento involuntario no es necesariamente una señal de ansiedad.

Una elevada variedad de enfermedades físicas pueden causar síntomas similares a los de los trastornos de ansiedad.

Trastornos neurológicos:

Neoplasias cerebrales
Traumatismos cerebrales
Enfermedad cerebrovascular
Encefalitis
Sífilis cerebral
Esclerosis múltiple
Enfermedad de Huntington
Epilepsia

Patologías generales:

Hipoxia
Enfermedad cardiovascular
Arritmias cardíacas
Insuficiencia respiratoria
Anemia

Trastornos endocrinos:

Disfunción hipofisaria
Disfunción Tiroidea

Trastornos inflamatorios:

Lupus eritematoso
Artritis reumatoide
Arteritis temporal

Deficiencias:

Deficiencia de vitamina B12
Pelagra

Otros trastornos:

Hipoglucemia
Enfermedades malignas generales
Síndrome premenstrual
Porfiria
Uremia

Cuadros tóxicos:

Abstinencia de alcohol y sustancias psicoactivas.
Anfetaminas
Cafeína y abstinencia de cafeína

Algunas estadísticas en las manifestaciones clínicas.

Crisis de angustia. La sufren el 83% de los pacientes con miocardiopatía que esperan un trasplante; también en enfermedad de Parkinson, EPOC, dolor crónico, cirrosis biliar primaria, epilepsia. Ansiedad generalizada. 66% de los pacientes con enfermedad de Graves (hipertiroidismo) y también en pacientes con Síndrome de Sjögren.

Síntomas obsesivocompulsivos. Las padecen pacientes con Corea de Sydenham y esclerosis múltiple.

Es importante que en la Entrevista Clínica el psicólogo evalúe el historial médico del paciente y realice un genograma (especialmente relacionado a condiciones de salud). El propósito es obtener una mayor información sobre la sintomatología manifestada por el paciente y descartar o referir a otros especialistas para análisis y exámenes posteriores. Es decir, una persona que informe que sus padres padecían de Diabetes e Hipertiroidismo, es pertinente referir a exámenes para consultas con otros especialistas como el endocrinólogo. Una persona que muestre movimientos faciales que parezcan Tics nerviosos, quizás producidos por lapsos de ansiedad o un trastorno neurológico, debe referirse también a exámenes médicos posteriores.

Sintomatología física, sintomatología psicológica y ansiedad.

Se nos educa en la mayoría de las ocasiones a establecer una relación directa o causal entre enfermedad y ansiedad. Sin embargo, hemos observado a personas con enfermedades terminales o significativas que no están ansiosas. También hemos observado personas con adecuados estados de salud y con elevados niveles de ansiedad. Por lo tanto, necesariamente no tiene que existir una relación directa entre enfermedad y un elevado nivel de ansiedad.

Cuando asistía a en mi bachillerato en ciencias en la Universidad Católica del pueblo de

Ponce, Puerto Rico, me transportaba un sacerdote quien antes de llegar al pueblo de Ponce, ofrecía servicios religiosos a pacientes del Hospital de Distrito. En una ocasión fue llamado para administrar los Santos oleos a un anciano de 83 años el cual estaba desahuciado" o sin mayores esperanzas de recuperación. Cuando llegamos a su habitación, el anciano estaba sentado en su cama y nos recibió con una sonrisa. "Gracias por venir padre, lo estaba esperando". El sacerdote le preguntó: "¿Cómo se siente don Juan? Y él le contestó: "Yo muy bien, esperando que el Señor me llame". Se mostró tranquilo comunicativo y esperanzado en alcanzar una vida espiritual sana. Nos explicó que tenía 6 hijos, 18 nietos y que su esposa ya había fallecido o "se fue a una mejor vida con el Señor." El sacerdote le administró los Santos oleos y nos retiramos a visitar a otros pacientes y ofrecerles servicios religiosos. Dos semanas después, el señor, o Juan, falleció. Es importante señalar, que Juan a pesar de tener una enfermedad terminal con los frecuentes dolores que ocasiona el cáncer y luego de haber padecido la enfermedad durante muchos años, manifestó una tranquilidad admirable. Me pregunté por muchos años el porqué contestó "estoy bien" y mostró una sonrisa con mucha tranquilidad, si sabía que le quedaba poco de vida. Igualmente he observado personas que se les parte una uña y manifiestan una ansiedad exagerada y unas quejas enormes. ¿Por qué?

Luego de muchos estudios sobre el ¿Por qué?, desde distintos enfoques médicos, neurológicos, espirituales, psicológicos y otros ya mencionados, he podido entender, estudiar y practicar el poder y las consecuencias de nuestros pensamientos en las emociones.

"La tranquilidad, la paz y la felicidad, no está en la salud física, en el dinero, en el éxito profesional, en la familia ni en situaciones o sucesos externos. Está en lo que piensas.".

Parece irreal, fantasioso o inalcanzable, poder tener pensamientos o ideas que me produzcan emociones adecuadas, paz y felicidad. Pensamientos que disipen la ansiedad, la depresión y la infelicidad.

Amables lectores. **_Si se puede_**.

Resumen de procedimiento para combatir, aminorar o eliminar la ansiedad patológica.

1. Evaluar la situación, situaciones o sucesos en las que se encuentra, al presente.
2. Identificar cuáles son los pensamientos negativos, perturbadores o irracionales que tiene sobre la situación o suceso.
3. Cuestionar y cambiar esos pensamientos irracionales, negativos o perturbadores y cambiarlos por pensamientos adecuados, racionales y positivos.
4. Se percatará, se dará cuenta y percibirá, física y mentalmente, un cambio en su manera de sentir o emocional.

"No busque soluciones mágicas, medicamentos, no trate de cambiar el mundo. No siempre se

pueden cambiar las situaciones en las que nos encontramos. Aprendemos a pensar distinto."

"Pienso de forma racional y positiva=sentirme bien o mejor."

"Doctor, no es fácil, ya que uno está acostumbrado a reaccionar de una forma por mucho tiempo". Me dijo uno de mis pacientes que había estado sufriendo de severa ansiedad por mucho tiempo y tratado hasta sesiones en "centros espiritistas, santería y otras". Medicado con benzodiacepinas y antidepresivos, sin el éxito esperado. Claro, al percatarse, entender y aceptar que los episodios de ansiedad *"no son causados por situaciones externas",* comenzó a seguir el procedimiento que hemos indicado. Luego de 4 sesiones de psicoterapia había experimentado un cambio emocional que no logró por años. Prosigue practicando cambios en sus pensamientos irracionales, negativos o perturbadores y sigue mejorando su estado emocional, al presente. Me informa que lo más difícil ha sido su dependencia de los medicamentos (benzodiacepinas), pero que con su psiquiatra se ha propuesto gradualmente eliminar su consumo.

Amable lector. Si me miro en el espejo por la mañana y me digo: Estoy solo, nadie me quiere, soy horrible y no tengo remedio. Seguro que me voy a sentir mal, ansioso, triste o deprimido. Puedo durante el día consumir teses, medicamentos o encerrarme en mi cuarto. Esas alternativas, quizás me ocasionen un alivio temporero. Al otro día por la mañana, me vuelvo a mirar en el espejo y me digo: "Estoy solo, nadie me quiere, soy horrible y no tengo remedio." Prosigo consumiendo medicamentos y con las mismas alternativas. Día tras día, cuando se levanta en la mañana repite lo mismo. Ese círculo no tiene salida y empeorará su estado emocional. Sin embargo, un día se levanta, se mira al espejo y piensa: "No estoy solo, tengo familia, amigos que me quieren y puedo salir a relacionarme con quien yo quiera. Sé que hay personas que no me quieren, pero hay personas que me quieren. No puedo pretender que TODO el mundo me quiera o 'caerle bien a todo el mundo'. Ya estoy calvo como Bruce Willis y arrugado como Morgan Freeman, pero para los gustos los colores. Soy único en el universo y voy a disfrutar mi vida mientras pueda."

Seguro que comenzará a sentirse mejor.

La sintomatología física como producto de pensamientos irracionales, negativos o perturbadores surge como alarmas de nuestro cuerpo. Si pienso que una cucaracha me va a comer o me voy a morir si me cae encima, se pueden disparar mecanismos físicos de defensa como acelerarse el ritmo cardiaco, se acelera la respiración, se dilata la pupila, la circulación sanguínea comienza a abandonar las extremidades como manos y piernas, al ocurrir esto se ponen las manos frías y temblorosas, cambios glandulares, como elevarse el nivel de tiroxina en la sangre, acude la adrenalina, sube el nivel de glucosa en la sangre, se dispara el cortisol y otros síntomas físicos. Claro, se describe como una fobia. Pero, si tengo pensamientos racionales, positivos o adecuados, NO ALARMO MI ESTADO FÍSICO y no ocurren esas reacciones.

Recuerde. **No** es la cucaracha la que le ocasiona toda esa sintomatología física. Es lo que usted piensa, los pensamientos irracionales, negativos o perturbadores de la cucaracha, lo que le ocasiona la ansiedad o la fobia.

Ansiedad. Ansiedad. Ansiedad. Ansiedad. Ansiedad. Ansiedad.
Pablo León Hernández

En el lenguaje lele de los tainos, todas las palabras que tienen el sonido de la vocal u producen ansiedad. El susto es bu, la oscuridad es cu, la esclavitud es ru, la quietud es mu, el silencio es lu, lo oculto es pu, el fango es nu, el mal olor es fu, la necesidad es gu, la debilidad es su… y el malvado trabaja a lo fucusumucu. Todo lo negativo, peligroso y preocupante se ve como el inicio y alimento de un proceso organizativo que sale de la u, se internaliza en la i, se comparte en la e, se concreta en la o y se universaliza en la a.

El Kasike Yekeri sabía todo esto y organizó un areito especial en la luna llena para despojar a su gente de miedos y ansiedades, que los enfermaba en angustias de churas de mataiguai.

Asi les dijo: "Miren ese panal de abejas biribiri en el tronco de ese árbol de yagurumo. Cuando les avise, todo el que sienta tener miedo le lanzará una piedra y cerrará los ojos. Los que no tengan miedo solamente cerraran los ojos y esperaran en silencio. Tocaré el fotuto fuertemente y todos obedecerán mi orden."

Todos esperaron el sonido con una piedra en la mano. Ansiedad. Ansiedad. Ansiedad. Ansiedad. Ansiedad. Ansiedad. Ansiedad. Ansiedad. Ansiedad. Ansiedad. Pero el sonido no se producía. Los corazones latían cada vez más fuerte. Se oyó un trueno y comenzó un gran aguacero. Todos quedaron esperando el sonido del fotuto con una angustia compartida. . Ansiedad. Ansiedad. Ansiedad. Ansiedad. Ansiedad. Ansiedad. Ansiedad. Ansiedad. Ansiedad. Ansiedad Sonó el caracol y fuakiti llovieron miles de piedras siborucus en dirección al panal de abejas.

Hubo varias picadas y muchos baracuteis.

Taikaraya.

Epílogo

Los seres humanos hemos sobrevivido por millones de años por una cualidad específica:

I. Capacidad para pensar y tomar decisiones racionales.

Somos físicamente débiles en comparación con otros animales. Nos puede matar un mosquito con algún virus o la ruptura de una diminuta vena en el cerebro, puede trastornar todos nuestros sistemas. Sin embargo, nos fortalecemos físicamente, confeccionamos vestimentas para protegernos, modificamos la temperatura con acondicionadores de aire o calefacción, creamos nuestros propios alimentos, dominamos animales físicamente más fuertes con armas y tecnologías. No podemos nadar como un tiburón, volar como un águila o tener la fuerza de un elefante, pero construimos submarinos, aviones, tanques de guerra y otros para dominar los elementos de la naturaleza que nos rodean. Somos los seres más poderosos del planeta.

La misma capacidad que tenemos para alcanzar metas y sentirnos bien, es la misma capacidad que tenemos para autodestruirnos y sentirnos mal. Tenemos la capacidad para pensar y tomar decisiones racionales, como un instrumento poderoso. Si aprendemos a utilizar esa capacidad para sanar, sentirnos bien, podemos tener un estado emocional eutímico, adecuado y placentero.

Este libro tiene 27,146 palabras en 240 páginas. Podemos aprender, desaprender, acostumbrarnos, desacostumbrarnos, evaluar nuestros pensamientos y cambiarlos para lograr cambios en las emociones. Tenemos la capacidad de dejar de sufrir y vivir una vida plena de satisfacciones, con tranquilidad y cultivar el mayor tesoro humano, LA PAZ.

Espero, Dios mediante, y deseo profundamente que la información ofrecida en éste libro sirva para mejorar tu calidad de vida.

Atentamente.

José Antonio Rodríguez Roche, Ph. D.
Psicólogo Clínico.

Servidor de todos.

Datos sobre el autor:

El Dr. José Antonio Rodríguez Roche, estudió un bachillerato en ciencias con concentración en psicología, en la Universidad Católica de Ponce, P.R. (19721976). Prosiguió estudios para terminar una Maestría en Artes, con concentración en psicología clínica, en la Universidad, Facultad Para Las Ciencias Sociales Aplicadas de Cayey, P.R., (19761978). Cursó sus estudios para completar un doctorado en filosofía con concentración en psicología clínica, en la Golf States University, Recinto de P.R. (19831985). Comenzó su práctica profesional como psicólogo clínico en el Departamento de Servicios Contra la Adicción (D.E.S.C.A.), como psicólogo de la Región Sur de P.R. Luego prestó servicios psicológicos realizando diagnósticos psicológicos, tratamiento psicoterapéutico, talleres, conferencias, administración de recursos de personal, peritaje en tribunales de justicia y activista en la labor social en distintas dependencias gubernamentales, organizaciones y clubes. Trabajó directamente durante 22 años como psicólogo del Programa de Educación Especial en P.R. Se desempeño en servicios profesionales de psicología con la Administración de Servicios de Salud Mental y Contra la Adicción, A.S.S.M.C.A. (Programa de Evaluación, Diagnostico y Tratamiento de Adultos, Programa de Alcoholismo, Programa Drug Court, Centro de Tratamiento a Niños y Adolescentes). Laboró durante 16 años como psicólogo clínico en los Programas Head Start de las Regiones de Orocovis y Juana Díaz, P.R. También ofreció sus servicios profesionales como psicólogo clínico en el Departamento de Salud, Unidad de Tratamiento de Salud Mental, en el pueblo de Coamo, P.R. Al presente ofrece sus servicios profesionales como psicólogo clínico en su oficina privada. Ha publicado artículos en distintos periódicos y revistas sobre temas relacionados a la psicología clínica.

Ha publicado 9 libros:

- Nexo. La Realidad de la Realidad. (Metafísica)
- Ríase de su Pasado. (Autoayuda)
- Sea Otro. (Autoayuda)
- Poesías Sentidas. (Poesías)
- Matriluxa (Meta novela).
- Reflexiones de los Locos (Reflexiones psicoterapéuticas).
- La Disciplina Inteligente. (Autoayuda, Texto)
- Un Pelo en la Sopa (Autoayuda)
- Ansiedad. (Autoayuda).

> ✓ *Los libros publicados los puede obtener en Amazón.com y en Createspace. com. También en mi oficina en: Clínica Dr. Marrero, Calle Muñoz Rivera #16, Villalba, P.R.*

Al presente año de ésta publicación 2018, cuenta con 40 años de experiencia como psicólogo clínico, casado con la Profesora Isabel Flores Colón durante 34 años, quien es madre de 3 hijos y orgullosos abuelos de 5 nietos.

Además de su práctica clínica en su oficina privada y en el Instituto Santa AnaCongregación de los Ángeles CustodiosAdjuntas y Rio Piedras, es un líder cívico distinguido con un reconocimiento por los Clubes de Leones Internacionales, por sus servicios por más de 30 años. Fue nombrado "Villalbeño Distinguido", por el Municipio de Villalba en el 2017, en conmemoración de los 100 años de la fundación del pueblo. Tiene 4 producciones discográficas como intérprete del Cuatro puertorriqueño, se licenció como Artesano de figuras y estampas en alambre, por el Programa de Fomento Industrial de P.R. y participa en actividades educativas y culturales sobre la música y el folclor puertorriqueño en Puerto Rico, Europa y América. "Servidor de todos".

Made in the USA
Columbia, SC
31 October 2024